妇女权益保障

与

日常生活

杜江涌 ◎ 著

上海人民出版社

序

女性权益保障是人权的应有之义。妇女的地位体现了一个国家的文明程度，一个国家的妇女权益状况可以反映其人权保障的整体水平。保障妇女权益就是保障平等权，就是保障人的尊严，就是保障人权。

女性权益保障是男女平等的重要体现。1950 年《婚姻法》确立了男女平等的基本原则，1954 年《宪法》明确规定了妇女在政治、经济、文化、社会和家庭生活各方面享有同男子平等的权利。此后的历次宪法修改，都坚持了这一基本原则。促进男女平等的关键手段是保障妇女的权利，提高妇女在社会和家庭的地位。

女性权益保障是社会发展的基本要求。作为社会构建的重要组成部分，妇女在各方面对社会的稳定和发展都起着至关重要的作用。如果妇女的权益得不到切实有效的保护，就不能有效凝聚妇女的人心意志，就不能充分发挥妇女的积极性和创造性，家庭的和谐安定、社会的创造活力就会受到影响，构建和谐社会的进程就会大大减缓。

长期以来，司法保护是依法维护妇女权益的重要环节和有力武器。我国已经建立起以《宪法》为基础，以《妇女权益保障法》为主体，包括《民法典》《反家庭暴力法》等单行法律法规、地方性法规和政府各部门行政规章在内的一整套保护妇女权益的法律体系。同时，全国妇联设立全国统一号码"12338"妇女维权公益服务热线，为妇女儿童提供法律、婚姻、家庭、心理、教育等方面的咨询，并受理有关妇女儿童侵权案件的投诉。

妇女权益涉及劳动、教育、婚姻、继承、社会保障、土地承包、基层政权建设、人口与计划生育、母婴保健、反家庭暴力等方面的内容，保障女性权益，具有非常重要的意义。

本书用案例来诠释法条，力求让读者以最短的时间、最少的精力、最轻松的方式，对妇女权益保障相关的法律、法规有最全面的了解，能够用法律的武器来保障妇女权益。

本书有以下四个特色：第一，所选取案例均来自实务，具有针对性，是日常生活中经常面对和需要解决的问题。第二，问题阐析简明扼要，法条解读简单明了，做到通俗易懂，让读者津津有味，让生涩的法律条文变得丰富有趣。第三，在案例解析的基础上提出"实务指导"，让法律真正指导实践，让法律走进人们的生活，让人深思、让人警醒。第四，本书在解析案例的基础上，尽量详列所涉法律，以便读者查阅。

本书中主人公均为化名，由于文献和作者水平所限，难免存在挂一漏万的情况，还望广大读者批评指正。

目录 / Contents

五、婚姻家庭权益篇

一、政治权利与特殊保护制度篇

政治权利是公民依法享有的参与国家政治生活的权利。主要指选举权与被选举权；言论、出版、集会、结社、游行、示威的自由以及宗教信仰自由；批评、建议、申诉、控告、检举权等。

对女性政治权利的保障，主要包括对妇女管理国家、社会事务权的保障；对妇女选举权和被选举权的保障；对妇女参政权的特别保障；对女性人才的支持；加强妇女联合会在妇女参政中的作用。

对女性的特殊保护，是针对女性的身体结构、生理机能的特点以及抚育子女的特殊需要而给予的特殊权利，或者特殊保障、保护举措。

1 妇女参加村委会选举受阻，该怎么办？

李家村村委会换届选举时，村民李梅（21岁）想加入村委会为村集体建设作贡献。她按照通知在截止日期前提交了换届选举申请书和相关材料，但是却没有在拟定村委会候选人名单上看到自己的名字。李梅前去村委会询问原因，村委会告知："按照村里的传统和村规民约的规定，村委会候选人必须是男性，妇女不能成为村委会换届选举的候选人。"同时，还认为李梅"只有21岁，是个年轻娃娃，没有社会经验，办不了大事"。李梅认为"妇女能顶半边天"，自己有资格成为候选人参加选举。

李梅有权参加村委会选举吗？

法律分析

1. 村委会是村民委员会的简称，是村民自我管理、自我教育、自我服务的基层群众性自治组织，实行民主选举、民主决策、民主管理、民主监督。

民主选举是指村民委员会的主任、副主任和委员由村民直接选举产生，任何组织或者个人不得指定、委派或者撤换村民委员会成员。凡是年满十八周岁的村民，只要依法享有政治权利，都有选举权和被选举权。

民主决策是指涉及村民切身利益的事项，必须由村民民主讨论，按多数人的意见作出决定。

民主管理是指对村内的社会事务、经济建设、个人行为的管理，要遵循村民的意见，在管理过程中吸收村民参加，并认真听取村民的不同意见。根据宪法、法律和法规以及国家政策，结合本村实际情况，由村民会议制定村民自治章程和村规民约，把村民的权利和义务、村级各类组织之间的关系和工作程序，以及经济管理、社会治安、村风民俗、婚姻家庭、计划生育等方面的要求，规定得清清楚楚、明明白白，据此进行管理。

民主监督是指由村民对村民委员会的工作和村内的各项事务实行民主监督。

2.在村委会任职的人，在日常被人们统称为"村干部"。村干部都是由村民投票选举产生，一般由主任、副主任和委员三至七人组成。《村民委员会组织法》规定，村民委员会成员中，应当有妇女成员，妇女村民代表应当占村民代表会议组成人员的三分之一以上。

3.本案中，一方面，李梅作为李家村的村民，已经成年，享有选举权和被选举权；另一方面，村规民约的决定不得与宪法、法律、法规和国家的政策相抵触，不得有侵犯村民的人身权利、民主权利和合法财产权利的内容。李家村村规民约关于"村委会候选人必须是男性，妇女不能成为村委会换届选举的候选人"的规定因违反男女平等的基本国策而无效。

综上，村委会的做法不合法，李梅有权参加村委会选举。

实务指导

➤ 村规民约可以决定哪些事项？

（1）规范日常行为。爱党爱国，践行社会主义核心价值观，正确行使权利，认真履行义务，积极参与公共事务，共同建设和谐美好村、社区等。

（2）维护公共秩序。维护生产秩序，诚实劳动合法经营，节约资源保护环境；维护生活秩序，注意公共卫生，搞好绿化美化；维护社会治安，遵纪守法，勇于同违法犯罪行为、歪风邪气作斗争等。

（3）保障群众权益。坚持男女平等基本国策，依法保障妇女儿童等群体正当合法权益等。

（4）调解群众纠纷。坚持自愿平等，遇事多商量、有事好商量，互谅互让，通过人民调解等方式友好解决争端等。

（5）引导民风民俗。弘扬向上向善、孝老爱亲、勤俭持家等优良传统，推进移风易俗，抵制封建迷信、陈规陋习，倡导健康文明绿色生活方式等。

> **村规民约的制定或修订需要经过哪些步骤？**

（1）征集民意。村党组织、村民委员会广泛征求群众意见，提出需要规范的内容和解决的问题。

（2）拟定草案。村党组织、村民委员会就提出的问题和事项，组织群众广泛协商，根据群众意见拟定村规民约草案，同时听取驻村党代表、人大代表、政协委员、机关干部、法律顾问、妇联执委等意见建议。

（3）提请审核。村党组织、村民委员会根据有关意见修改完善后，报乡镇党委、政府审核把关。

（4）审议表决。村党组织、村民委员会根据乡镇党委、政府的审核意见，进一步修改形成审议稿，提交村民会议审议讨论，根据讨论意见修订完善后提交会议表决通过。表决应遵循《村民委员会组织法》相关规定，并应有一定比例妇女参会。未根据审核意见改正的村规民约不应提交村民会议审议表决。

（5）备案公布。村党组织、村民委员会应于村民会议表决通过后十日内，将村规民约报乡镇党委、政府备案，经乡镇党委、政府严格把关后予以公布，让群众广泛知晓。

> **如何召开村民会议？**

村民议事的基本形式是由本村十八周岁以上村民组成的村民会议。

村民会议由村民委员会召集，有十分之一以上的村民或者三分之一的村民代表提议，应当召集会议。召集村民会议，应当提前十天通知村民。召开村民会议，应当有本村十八周岁以上村民的过半数参加，或者有本村三分之二以上的户的代表参加，所作决定应当经到会人员的过半数通过。人数较多或者居住分散的村，召开村民会议有困难的，可以推选产生村民代表，由村民委员会召集村民代表开会，讨论决定村民会议授权的事项。对于涉及村民切身利益的事项，必须由村民会议讨论决定方可办理。

> **对登记参加选举的村民名单有异议的，如何处理？**

对登记参加选举的村民名单有异议的，应当在名单公布之日起五日内向村民选举委员会申诉，村民选举委员会应当自收到申诉之日起三日内作出处理决定，并公布处理结果。认为选举结果不合理的，村民可以向乡、民族乡、镇的人民代表大会和人民政府或者县级人民代表大会常务委员会和人民政府及其有关主管部门举报，由乡级或者县级人民政府负责调查并依法处理。

> **村民如何对村民委员会的工作和村内的各项事务实行民主监督？**

村民对村民委员会的工作和村内的各项事务实行民主监督。主要体现在以下几个方面：

（1）村民委员会由村民选举产生，受村民监督，本村五分之一以上有选举权的村民或者三分之一以上的村民代表联名，可以要求罢免村民委员会成员。

（2）村民委员会向村民会议负责并报告工作，村民会议每年审议村民委员会的工作报告，并评议村民委员会成员的工作。经村民民主评议不称职的，可以按法定程序撤换和罢免。

（3）村民委员会实行村务公开制度。村民委员会对于应当由村民会议、村民代表会议讨论决定的事项及其实施情况，国家计划生育政策的落实方案，政府拨付和接受社会捐赠的救灾救助、补贴补助等资金、物资的管理使用情况，村民委员会协助人民政府开展工作的情况，以及涉及本村村民利益、村民普遍关心的其他事项，应当及时公布。其中，一般事项至少每季度公布一次；集体财务往来较多的，财务收支情况应当每月公布一次；涉及村民利益的重大事项应当随时公布，接受村民监督。村民委员会应当保证公布内容的真实性，并有义务接受村民的查询。

 离异妇女能平等享受村民待遇吗？

2004 年，李梅和高强结婚后就将户口迁入了高家村，2021 年，因感情不和双方协议离婚，离婚后李梅的户口并未迁出。高家村村规民约规定："村里的村民待遇是年满 55 周岁的村民给予 1000 元 / 人 / 月的养老金。"后来，该村又出台村规民约规定："与本村村民结婚后离婚的，仅限于本人分到承包地，且离婚后户口仍在本村的，才能享受养老金待遇。"而李梅当年结婚后，村里一直没有给她分承包地，按照上述规定她无法享受养老金待遇。李梅认为自己户口在高家村，就是高家村集体成员，应当和其他村民一样平等享受村民待遇，但她多次与村委会沟通均被拒绝，无奈向市妇联寻求帮助。

李梅能平等享受村民待遇吗？

法律分析

1. 村民待遇是指户口在行政村，属于村集体经济组织成员的村民所享有的集体土地承包经营权、集体生产权、集体收益分配权和征地补偿权等权利。

2.《妇女权益保障法》规定，妇女在农村集体经济组织成员身份确认、土地承包经营、集体经济组织收益分配、土地征收补偿安置或者征用补偿以及宅基地使用等方面，享有与男子平等的权利。农村离异妇女属于村集体经济组织成员，应当平等享受村民待遇。

除此之外，村民自治章程、村规民约、村民会议、村民代表会议的决定以及其他涉及村民利益事项的决定，不得以妇女未婚、结婚、离婚、丧偶、户无男性等为由，侵害妇女在农村集体经济组织中的各项权益。

3.本案中，高家村村规民约的规定侵害了李梅在农村集体经济组织中的财产权，应属无效。李梅作为高家村集体成员，和其他村民一样平等享受养老金待遇。

实务指导

➤ **村民委员会或者村民委员会成员作出的决定侵害村民合法权益的，如何处理？**

村民委员会或者村民委员会成员作出的决定侵害村民合法权益的，受侵害的村民可以申请人民法院予以撤销，责任人依法承担法律责任。

村民委员会不依照法律、法规的规定履行法定义务的，由乡、民族乡、镇的人民政府责令改正。

➤ **有经济困难需要法律帮助的妇女，如何维权？**

对有经济困难需要法律援助或者司法救助的妇女，当地法律援助机构或者司法机关应当给予帮助，依法为其提供法律援助或者司法救助。

（1）法律援助是国家建立的为经济困难公民和符合法定条件的其他当事人无偿提供法律咨询、代理、刑事辩护等法律服务的一项法律制度。

法律援助对象包括：有充分理由证明为保障自己合法利益需要

帮助，或者确因经济困难，无能力或者无完全能力支付法律服务费用的我国公民；刑事案件中的特殊当事人。

民事法律援助案件的受案范围包括：依法请求国家赔偿的；请求给予社会保险待遇或者最低生活保障待遇的；请求发给抚恤金、救济金的；请求给予赡养费、抚养费、扶养费的；请求支付劳动报酬的；主张因见义勇为行为产生的民事权益的；在签订、履行、变更、解除和终止劳动合同过程中受到损害，主张权利的；因工伤、交通事故、医疗事故受到人身损害，主张权利的；因遭受家庭暴力、虐待、遗弃，合法权益受到损害，主张权利的；因劳动用工纠纷，主张权利的；因医患纠纷，请求赔偿的；因食用有毒有害食品造成人身损害，请求赔偿的；军人军属因其合法权益受到侵害，主张权利的；未成年人因其合法权益受到侵害，主张权利的；因使用伪劣农药、化肥、种子及其他农资产品造成严重经济损失，请求赔偿的；当事人不服司法机关生效的判决、裁定，依法申请再审的；法律、法规和规章规定应当提供法律援助的其他事项。

（2）司法救助分为免交、减交和缓交诉讼费用三种方式。

免交诉讼费用的情形包括：残疾人无固定生活来源的；追索赡养费、抚养费、抚育费、抚恤金的；最低生活保障对象、农村特困定期救济对象、农村五保供养对象或者领取失业保险金人员，无其他收入的；因见义勇为或者为保护社会公共利益致使自身合法权益受到损害，本人或者其近亲属请求赔偿或者补偿的；确实需要免交的其他情形。

减交诉讼费用的情形包括：因自然灾害等不可抗力造成生活困难，正在接受社会救济，或者家庭生产经营难以为继的；属于国家规定的优抚、安置对象的；属于社会福利机构和救助管理站的救助对象的；确实需要减交的其他情形。

缓交诉讼费用的情形包括：追索社会保险金、经济补偿金的；

海上事故、交通事故、医疗事故、工伤事故、产品质量事故或者其他人身伤害事故的受害人请求赔偿的；正在接受有关部门法律援助的；确实需要缓交的其他情形。

法律索引
《妇女权益保障法》第 55 条、第 56 条、第 75 条

 ## 3 未成年少女遭受性侵害，成年后能再追究吗？

李梅上小学时，父亲因车祸去世，母亲工作忙碌，没时间照顾她，便委托邻居帮忙照看李梅。李梅白天上学，放学后便在邻居家吃饭、学习。邻居叔叔高强总是乘独处时间与李梅聊天，过程中有抚摸其隐私部位的举动。李梅当时因年龄过小，生理知识缺乏并未意识到受侵害，也没有告诉母亲。后来，高强胆子越来越大，甚至当着李梅母亲的面对李梅动手动脚，在母亲的询问下李梅把高强的行为都说了出来，母亲得知后为了李梅的名誉选择忍气吞声，放弃追究侵害人的刑事责任。18 岁生日过后，刚成年的李梅想要提起诉讼，要求侵害人承担赔偿责任，勇敢地维护自己合法权益，但事情已过去多年，不知道还可不可以追究高强的法律责任。

李梅的请求是否已经过了诉讼时效？

法律分析

1. 诉讼时效是指权利人经过法定期限不行使自己的权利，依法律规定其胜诉权便归于消灭的制度。

2.《民法典》规定，未成年人遭受性侵害的损害赔偿请求权的诉讼时效期间，自受害人年满十八周岁之日起计算，为期三年。《民法

典》出台后，未成年人遭受性侵害的诉讼时效的起算时间不再为性侵害行为发生之日，而是从受害人年满十八周岁起计算。

3.本案中，虽然李梅受性侵害之事发生至今已超过三年，但在年满十八周岁后，在三年诉讼时效之内可以对侵害人提起损害赔偿之诉，要求侵害人承担性侵害的赔偿责任。

实务指导

➤《民法典》为什么要规定诉讼时效制度？

《民法典》规定诉讼时效并非为了鼓励债务人拖延义务履行，也并非鼓励债务人不劳而获、不履行债务，而在于：

（1）稳定财产关系，避免财产关系长久处于不确定状态。

（2）促使权利人及时行使权利。在规定期限内无正当理由不行使权利，说明权利人已不关心自己权利的实现。

（3）有利于法院更好地收集证据，解决纠纷。如果没有时效限制，时间久远的案件可能因取证困难等原因难以解决。

➤《民法典》第191条中未成年人的范围是否等同于非完全民事行为能力人？

《民法典》第191条是关于未成年人遭受性侵害的损害赔偿请求权的诉讼时效起算时间点的规定。本条中未成年人的范围不等同于非完全民事行为能力人。

《民法典》第18条第2款规定："十六周岁以上的未成年人，以自己的劳动收入为主要生活来源的，视为完全民事行为能力人。"虽然十六周岁以上、以自己劳动收入为主要来源的人视为完全民事行为能力人，但其仍然是未成年人，其遭受性侵害提起损害赔偿适用本条的规定。

➤ 诉讼时效中止的情况有哪些？

在诉讼时效期间的最后六个月内，因下列障碍，不能行使请求权的，诉讼时效中止：

（1）不可抗力；

（2）无民事行为能力人或者限制民事行为能力人没有法定代理人，或者法定代理人死亡、丧失民事行为能力、丧失代理权；

（3）继承开始后未确定继承人或者遗产管理人；

（4）权利人被义务人或者其他人控制；

（5）其他导致权利人不能行使请求权的障碍。

自中止时效的原因消除之日起满六个月，诉讼时效期间届满。

> **➤ 如何预防性侵害、性骚扰未成年人等违法犯罪行为？**

任何组织或者个人发现不利于未成年人身心健康或者侵犯未成年人合法权益的情形，都有权劝阻、制止或者向公安、民政、教育等有关部门提出检举、控告。国家机关、居民委员会、村民委员会、密切接触未成年人的单位及其工作人员，在工作中发现未成年人身心健康受到侵害、疑似受到侵害或者面临其他危险情形的，应当立即向公安、民政、教育等有关部门报告。对性侵害、性骚扰未成年人等违法犯罪行为，学校、幼儿园不得隐瞒，应当及时向公安机关、教育行政部门报告，并配合相关部门依法处理。学校、幼儿园应当对未成年人开展适合其年龄的性教育。对遭受性侵害、性骚扰的未成年人，学校、幼儿园应当及时采取相关的保护措施。旅馆、宾馆、酒店等住宿经营者接待未成年人入住，或者接待未成年人和成年人共同入住时，应当询问父母或者其他监护人的联系方式、入住人员的身份关系等有关情况；发现有违法犯罪嫌疑的，应当立即向公安机关报告，并及时联系未成年人的父母或者其他监护人。

法律索引
《民法典》第 188 条、第 191 条、第 194 条
《未成年人保护法》第 11 条、第 40 条、第 57 条

未成年少女怀孕就医，医院有强制报告义务吗？

　　李梅是一名初一的学生，在网络上认识了一个自称高强的男朋友，对方的甜言蜜语让李梅坠入了所谓的"热恋"。在高强的鼓动下，李梅偷偷逃学与高强见面，迷迷糊糊地与对方发生了性关系。此后不久，李梅再次和高强联系，才发现已经被高强"拉黑"。不久后，李梅发现自己怀孕了。李梅不敢告诉父母，便偷偷一人前往一家小型医院门诊部就诊，希望通过人工流产手术把孩子打掉。门诊部的妇科医生诊断时发现李梅年龄不满十四周岁却已怀孕，当即询问李梅是否遭受性侵、父母是否知晓等情况，并表示要向公安机关报告。然而李梅苦苦哀求，医生一时陷入两难。

　　医生应当向公安机关或有关部门报告该情况吗？

法律分析

　　1.侵害未成年人案件强制报告制度是指国家机关、法律法规授权行使公权力的各类组织及法律规定的公职人员，密切接触未成年人行业的各类组织及其从业人员，在工作中发现未成年人遭受或者疑似遭受不法侵害以及面临不法侵害危险的，应当立即向公安机关报案或举报。医院、妇幼保健院、急救中心、诊所等医疗机构依法对未成年人负有医疗、救助职责，是法律规定的强制报告义务主体。

　　2.性同意指发生性行为前，获得和给予对方明确的同意。性同意年龄是指法律规定的个人可自主决定发生性交行为的最低年龄。在我国，通常情况下十四周岁是法律规定的女性的性同意年龄，未满十四周岁的幼女作出的同意与他人发生性关系的意思表示是无效的。根据《刑法》规定，不满十四周岁的属于幼女，奸淫不满十四周岁幼女的，以强奸罪论，不论幼女是否自愿。

3.本案中，李梅未满十四周岁怀孕、流产属于必须报告情形。医护人员作为强制报告的义务主体，在发现李梅疑似遭受性侵害时应及时报告。

实务指导

➤ **侵害未成年人案件强制报告的主体有哪些？**

（1）国家机关、法律法规授权行使公权力的各类组织及法律规定的公职人员。

（2）密切接触未成年人行业的各类组织，是指依法对未成年人负有教育、看护、医疗、救助、监护等特殊职责，或者虽不负有特殊职责但具有密切接触未成年人条件的企事业单位、基层群众自治组织、社会组织。主要有居（村）民委员会；中小学校、幼儿园、校外培训机构、未成年人校外活动场所等教育机构及校车服务提供者；托儿所等托育服务机构；医院、妇幼保健院、急救中心、诊所等医疗机构；儿童福利机构、救助管理机构、未成年人救助保护机构、社会工作服务机构；旅店、宾馆等。

➤ **未成年人强制报告的情形有哪些？**

（1）未成年人的生殖器官或隐私部位遭受或疑似遭受非正常损伤的；

（2）不满十四周岁的女性未成年人遭受或疑似遭受性侵害、怀孕、流产的；

（3）十四周岁以上女性未成年人遭受或疑似遭受性侵害所致怀孕、流产的；

（4）未成年人身体存在多处损伤、严重营养不良、意识不清，存在或疑似存在受到家庭暴力、欺凌、虐待、殴打或者被人麻醉等情形的；

（5）未成年人因自杀、自残、工伤、中毒、被人麻醉、殴打等非正常原因导致伤残、死亡情形的；

（6）未成年人被遗弃或长期处于无人照料状态的；

（7）发现未成年人来源不明、失踪或者被拐卖、收买的；

（8）发现未成年人被组织乞讨的；

（9）其他严重侵害未成年人身心健康的情形或未成年人正在面临不法侵害危险的。

➤ **不履行报告义务的后果是什么？**

（1）造成严重后果的，由其主管行政机关或者本单位依法对直接负责的主管人员或者其他直接责任人员给予相应处分；构成犯罪的，依法追究刑事责任。相关单位或者单位主管人员阻止工作人员报告的，予以从重处罚。

（2）公职人员长期不重视强制报告工作，不按规定落实强制报告制度要求的，根据其情节、后果等情况，监察委员会应当依法对相关单位和失职失责人员进行问责，对涉嫌职务违法犯罪的依法调查处理。

《未成年人保护法》第 11 条、第 57 条

《刑法》第 236 条

5 组织、强迫幼女卖淫，如何追责？

高强等人为谋取不义之财，租用民房作为组织卖淫的场所，通过各种手段物色卖淫女。为保障其"事业"顺利进行，高强等人还特意找了一些社会闲散人员作为帮手以负责诸如望风、接送卖淫女等任务，并给这些出资出力的"伙伴"发放报酬。后高强等人不仅

实现了对卖淫女们和巨额嫖资的控制管理，更是在一方恶名远扬，形成了以高强为首的恶势力团伙。

高强等人组织的卖淫团伙中，有一名年仅十三岁的女孩，名叫李梅。一日，高强等人将李梅约至某宾馆并阻止李梅离开，随后再强行将李梅带至其经营的卖淫场所，对李梅不断劝说和恐吓，李梅心生恐惧，又逃脱不得，只得照做。后，李梅家人因李梅迟迟未归家、音讯不明报警，在公安机关的解救下，李梅最终脱险，高强等人也在此过程中被抓获归案。

面对这种强迫、组织李梅等幼女卖淫的行为，应当如何追责相关人员？

法律分析

1.刑法上"幼女"是指不满十四周岁的女性。在刑法上，对于没有满十四周岁的幼女，认为年幼没有性的自主处分能力，即使其同意发生性行为在法律上也无效，法律对未成年幼女进行严格保护。2023年6月1日起施行的《关于办理性侵害未成年人刑事案件的意见》规定，性侵害十二周岁以下被害人的一律认定行为人"明知"对方为幼女。对于行为人对已满十二周岁不满十四周岁幼女实施奸淫等性侵害行为的，如无极其特殊的例外情况，一般均应认定行为人明知被害人为幼女，除非确有证据或者合理依据证明行为人根本不可能知道被害人是幼女。对于行为人根本不考虑被害人是否为幼女，而甘冒风险对被害人进行奸淫等性侵害的，一般都应当认定行为人明知被害人为幼女。

2.组织卖淫罪是指以招募、雇佣、纠集等手段，管理或者控制多人从事卖淫活动的行为；强迫卖淫罪是指行为人以暴力、胁迫或者其他手段对他人进行人身或精神的强制，迫使他人违背意愿从事性交易活动的行为。

对于组织、强迫他人卖淫的，处五年以上十年以下有期徒刑，并处罚金；情节严重的，处十年以上有期徒刑或者无期徒刑，并处罚金或者没收财产等。所谓"情节严重"，一般包含如下情形：卖淫人员累计达一定数量，卖淫人员中未成年人、孕妇、智障人员、患有严重性病的人累计达一定数量等。

3. 根据最高人民法院、最高人民检察院联合发布的《关于办理组织、强迫、引诱、容留、介绍卖淫刑事案件适用法律若干问题的解释》，组织未成年人等特殊群体卖淫的，参照组织普通人员卖淫的人数标准减半设置。其中第 6 条强调强迫幼女卖淫的，无论次数多少，不管人数多少，都属于强迫卖淫罪的"情节严重"。在量刑方面，最低 10 年有期徒刑，高至无期徒刑，以示对于严厉打击关联幼女犯罪和保护幼女合法权益的决心。

4. 本案中，高强等人为牟取非法利益，采用招募、雇佣等手段，组织他人卖淫，且卖淫人员在 3 人以上，其行为已经构成组织卖淫罪；对李梅等受害人的侵害行为，构成强迫、组织幼女卖淫，依法应从重处罚。

实务指导

➤ 征得幼女同意与其发生性关系是否构成强奸罪？

（1）对于不满十二周岁的幼女，不管是否知道幼女具体年龄，即使幼女同意，与其发生性关系也构成强奸罪。对于未满十二周岁的幼女，法律上认为该年龄以下的幼女明显过于幼小，不能以其发育成熟、穿着打扮成熟或者不知道其年龄作为抗辩理由，一律推定实施性侵的人明知对方是幼女。

（2）对于已满十二周岁不满十四周岁的幼女，从其身体发育情况、言谈举止、衣着特征、生活作息规律等观察，可能是幼女的，也认定为明知对方是幼女，与其发生性关系，构成强奸罪。

（3）对于已满十二周岁不满十四周岁的幼女，从其身体发育情况、言谈举止、衣着特征、生活作息规律等观察，明显不像幼女，若该幼女自愿发生性关系，不构成强奸罪。比如身体发育成熟、打扮成熟、深夜出没在酒吧 KTV 等娱乐场所等，明显不像小于十四周岁的幼女，像十七八岁的女子，自愿与行为人发生性关系，行为人确实不明知其为幼女的，不构成强奸罪。

（4）对于已满十四周岁不满十六周岁的人偶尔与幼女发生性关系，情节轻微，未造成严重后果的，不认为犯罪。这主要指个别中小学生自愿发生性关系，比如早恋偷食禁果的行为。如果造成怀孕、堕胎、严重影响身体健康、精神失常、自杀等严重后果的，则应当追究刑事责任。

（5）刑法已经废除了嫖宿幼女罪，即使是幼女卖淫，如果明知其是幼女仍然发生性关系，即使给付了嫖资仍然构成强奸罪。

《刑法》第 358 条、第 359 条、第 361 条

《关于办理性侵害未成年人刑事案件的意见》

《最高人民法院、最高人民检察院关于办理组织、强迫、引诱、容留、介绍卖淫刑事案件适用法律若干问题的解释》

6 流浪女童，谁来监护？

李梅自幼母亲下落不明，从小由独居的奶奶抚养。2014 年，李梅的父亲去世，奶奶也患有严重眼疾且无固定生活来源，无法继续照顾李梅，李梅被安置在叔叔家中生活。然而，由于叔叔是残疾且一直未婚，无暇照看李梅，无法保障其读书、吃饭等生活成长的基本需求，导致李梅长期处于流浪状态。2019 年 1 月，李梅在政府等有关部门的帮助下进入市救助站进行临时保护。2019 年 2 月，市

救助站以李梅属困境儿童身份为由，将其转移至市儿童福利院生活至今。

谁来担任李梅的监护人呢？

法律分析

1.困境儿童是指由于儿童自身、家庭和外界等原因而陷入生存、发展和安全困境，需要政府和社会予以关心帮助的未满18周岁的儿童。

2016年国务院印发《关于加强困境儿童保障工作的意见》（以下简称《意见》），这是国家出台的一项针对困境儿童的兜底保障政策。《意见》中称：困境儿童包括因家庭贫困导致生活、就医、就学等困难的儿童，因自身残疾导致康复、照料、护理和社会融入等困难的儿童，以及因家庭监护缺失或监护不当遭受虐待、遗弃、意外伤害、不法侵害等导致人身安全受到威胁或侵害的儿童。

2.我国现行《民法典》确立了以家庭监护为基础、社会监护为补充、国家监护为兜底的监护制度。因发生突发事件等紧急情况，监护人暂时无法履行监护职责，被监护人的生活处于无人照料状态的，被监护人住所地的居民委员会、村民委员会或者民政部门应当为被监护人安排必要的临时生活照料措施。

3.本案中，儿童福利院是国家为孤儿和残疾儿童提供服务而设立的福利机构，具有收养孤儿、对其进行抚养教育、使之健康成长并成为自食其力的劳动者的社会救助职能。因此，为了让李梅得到照顾，尽快上学并过上正常的生活，人民法院从充分保护和落实未成年人合法权益的角度出发，应指定儿童福利院作为李梅的合法监护人，担负起父母的职责。

实务指导

➤ 国家对于困境儿童的帮扶有哪些方面？

（1）保障基本生活。对于无法定抚养人的儿童，纳入孤儿保障范围。对于无劳动能力、无生活来源、法定抚养人无抚养能力的未满十六周岁儿童，纳入特困人员救助供养范围。对于法定抚养人有抚养能力但家庭经济困难的儿童，符合最低生活保障条件的纳入保障范围并适当提高救助水平。对于遭遇突发性、紧迫性、临时性基本生活困难家庭的儿童，按规定实施临时救助时要适当提高对儿童的救助水平。对于其他困境儿童，各地区也要做好基本生活保障工作。

（2）保障基本医疗。对于困难的重病、重残儿童，城乡居民基本医疗保险和大病保险给予适当倾斜，医疗救助对符合条件的适当提高报销比例和封顶线。落实小儿行为听力测试、儿童听力障碍语言训练等医疗康复项目纳入基本医疗保障范围政策。对于最低生活保障家庭儿童、重度残疾儿童参加城乡居民基本医疗保险的个人缴费部分给予补贴。对于纳入特困人员救助供养范围的儿童参加城乡居民基本医疗保险给予全额资助。加强城乡居民基本医疗保险、大病保险、医疗救助、疾病应急救助和慈善救助的有效衔接，实施好基本公共卫生服务项目，形成困境儿童医疗保障合力。

（3）强化教育保障。对于家庭经济困难儿童，要落实教育资助政策和义务教育阶段"两免一补"政策。对于残疾儿童，要建立随班就读支持保障体系，为其中家庭经济困难的提供包括义务教育、高中阶段教育在内的12年免费教育。对于农业转移人口及其他常住人口随迁子女，要将其义务教育纳入各级政府教育发展规划和财政保障范畴，全面落实在流入地参加升学考试政策和接受中等职业教育免学费政策。支持特殊教育学校、取得办园许可的残疾儿童康复机构和有条件的儿童福利机构开展学前教育。支持儿童福利机构特教班在做好机构内残疾儿童特殊教育的同时，为社会残疾儿童提供特殊教育。完善义务教育控辍保学工作机制，确保困境儿童入学和不失学，依法完成义务教育。

（4）落实监护责任。对于失去父母、查找不到生父母的儿童，纳入孤儿安置渠道，采取亲属抚养、机构养育、家庭寄养和依法收养方式妥善安置。对于父母没有监护能力且无其他监护人的儿童，以及人民法院指定由民政部门担任监护人的儿童，由民政部门设立的儿童福利机构收留抚养。对于儿童生父母或收养关系已成立的养父母不履行监护职责且经公安机关教育不改的，由民政部门设立的儿童福利机构、救助保护机构临时监护，并依法追究生父母、养父母法律责任。对于决定执行行政拘留的被处罚人或采取刑事拘留等限制人身自由刑事强制措施的犯罪嫌疑人，公安机关应当询问其是否有未成年子女需要委托亲属、其他成年人或民政部门设立的儿童福利机构、救助保护机构监护，并协助其联系有关人员或民政部门予以安排。对于服刑人员、强制隔离戒毒人员的缺少监护人的未成年子女，执行机关应当为其委托亲属、其他成年人或民政部门设立的儿童福利机构、救助保护机构监护提供帮助。对于依法收养儿童，民政部门要完善和强化监护人抚养监护能力评估制度，落实妥善抚养监护要求。

（5）加强残疾儿童福利服务。对于0—6岁视力、听力、言语、智力、肢体残疾儿童和孤独症儿童，加快建立康复救助制度，逐步实现免费得到手术、康复辅助器具配置和康复训练等服务。对于社会散居残疾孤儿，纳入"残疾孤儿手术康复明天计划"对象范围。支持儿童福利机构在做好机构内孤残儿童服务的同时，为社会残疾儿童提供替代照料、养育辅导、康复训练等服务。纳入基本公共服务项目的残疾人康复等服务要优先保障残疾儿童需求。

此外，民政部设置12349为儿童救助保护统一热线号码。

儿童救助保护热线受理内容包括：儿童救助保护相关政策法规咨询服务；各类侵害未成年人权益案件线索；儿童心理问题疏导、情绪抚慰等服务；帮扶转介服务；儿童生活困难求助受理；其他涉及民政部门职责的儿童救助保护情形。

《民法典》第 27 条、第 32 条、第 34 条、第 39 条

《未成年人保护法》第 43 条

当惩罚犯罪遇上怀孕妇女，怎样保护其合法权益？

李梅因犯贩卖毒品罪被判处有期徒刑一年六个月，并处罚金人民币四千元。在审判过程中，司法机关发现李梅系怀孕的妇女，不适宜收监执行，于是法院决定对李梅暂予监外执行。按暂予监外执行决定的需要，李梅在某司法局社区矫正中心办理入矫接收手续，并由该司法所对其进行社区矫正日常管理。后来，李梅生下孩子，在其哺乳期结束之后，考虑到李梅暂予监外执行的情形消失，必须收监执行。故经合法程序，法院作出收监执行决定书，决定对李梅收监执行。

当惩罚犯罪遇上怀孕妇女，在打击犯罪的同时，怎样保护其合法权益？

法律分析

1.根据《关于如何理解"审判的时候怀孕的妇女不适用死刑"问题的电话答复》，审判的时候怀孕的妇女既包括审判的时候实际怀孕的妇女，也包括案件起诉到人民法院以前，被告人在关押期间流产（包括自然流产和人工流产）的妇女。

2.我国对怀孕妇女量刑、行刑的"优待"表现在以下方面：

在审判阶段，怀孕的妇女不适用死刑；针对已经交付、即将执

行死刑的，应当立即停止执行，并立即报告给最高人民法院作出裁定。

在强制措施执行的问题上，患有严重疾病、生活不能自理，怀孕或者正在哺乳自己婴儿的妇女，采取取保候审不致发生社会危险的，可以取保候审。怀孕或者哺乳自己不满一周岁的婴儿的妇女，符合逮捕条件的，可以监视居住。

对于被判处拘役、三年以下有期徒刑的怀孕妇女，满足一定条件的，应当宣告缓刑；判决不适用缓刑的罪犯，如果是怀孕或者正在哺乳自己婴儿的妇女，可以暂予监外执行，暂予监外执行的执行期间，计入服刑期。

实务指导

> ➤ **除了刑法的规定外，对怀孕的妇女、哺乳期的妇女的人性化规定还有哪些？**

（1）《民法典》规定，女方在怀孕期间、分娩后一年内或者终止妊娠后六个月内，男方不得提出离婚；但是，女方提出离婚或者人民法院认为确有必要受理男方离婚请求的除外。

（2）《妇女权益保障法》规定，任何单位不得以结婚、怀孕、产假、哺乳等为由，降低女职工的工资和福利待遇，辞退女职工或者单方解除劳动合同或服务协议。

（3）《女职工劳动保护特别规定》规定，用人单位不得在女职工孕期、产期、哺乳期降低其工资、予以辞退，或者解除劳动或者聘用合同。但是在试用期不符合录用条件的、在"三期"内违纪的除外。

女职工怀孕未满4个月流产的，享受15天产假；怀孕满4个月流产的，享受42天产假。女职工怀孕流产的，其所在单位应当根据医务部门的证明，给予一定时间的产假。

法律索引

《刑法》第 49 条、第 72 条

《刑事诉讼法》第 66 条、第 67 条、第 72 条、第 74 条、第 251 条、第 254 条、第 262 条、第 265 条、第 269 条

《妇女权益保障法》第 48 条

《民法典》第 1082 条

《最高人民法院关于适用〈中华人民共和国刑事诉讼法〉的解释》第 500 条、第 504 条

《看守所条例》第 10 条

《女职工劳动保护特别规定》第 5 条、第 7 条、第 8 条、第 9 条

 面对侵害妇女合法权益的行为，检察机关可以做些什么？

　　李梅刚刚生产不久，就接二连三地接到母婴店、儿童摄影、百日宴酒店等多个骚扰电话，甚至有人直接上门推销婴幼儿用品，这让她不堪其扰。

　　县检察院立案后，经调查，发现李梅的个人信息系被给她接产的医生高某泄露。2016—2020 年期间，高某利用自己在某镇中心卫生院的工作便利，为获取非法利益向他人提供孕产妇、新生儿等生育信息计三万余条。这些信息被转售给当地母婴店和儿童摄影馆，用于定向推销母婴产品、新生儿照相等产品或服务。高某从中非法获利人民币四万余元。

　　县检察院向县法院提起刑事附带民事公益诉讼，在依法追究高某刑事责任的同时，请求判令高某承担民事赔偿金若干元，并在地市级以上新闻媒体向公众公开赔礼道歉。

经审理，法院以高某犯侵犯公民个人信息罪，判处其有期徒刑三年，并处罚金人民币若干元；判决高某支付损害赔偿金人民币若干元，并在本市市级以上媒体公开登报赔礼道歉。

法律分析

1. 个人信息是以电子或者其他方式记录的与已识别或者可识别的自然人有关的各种信息，不包括匿名化处理后的信息。个人信息包括自然人的姓名、出生日期、身份证件号码、生物识别信息、住址、电话号码、电子邮箱、健康信息、行踪信息等。

任何组织、个人不得非法收集、使用、加工、传输他人个人信息，不得非法买卖、提供或者公开他人个人信息；不得从事危害国家安全、公共利益的个人信息处理活动。

2. 公益诉讼，是指特定的国家机关和相关的组织和个人，根据法律的授权，对违反法律法规，侵犯国家利益、社会利益或特定的他人利益的行为，向法院起诉，由法院依法追究法律责任的活动。

《妇女权益保障法》明确规定，侵害妇女合法权益，导致社会公共利益受损的，检察机关可以发出检察建议，并且规定对于侵犯农村妇女土地权益、侵害妇女平等就业权益、未采取合理措施预防和制止性骚扰、大众传媒贬损妇女人格，以及其他严重损害妇女权益的违法行为，检察机关可以依法提起公益诉讼。

3. 本案中，孕产妇生育信息属于个人健康生理信息，是《民法典》保护的有重要价值的公民个人信息。生育信息数据庞大，一旦泄露易引发针对妇女的电信诈骗、定向促销、人身骚扰等多种关联违法犯罪活动，给相关家庭人身和财产安全构成重大威胁。检察机关在通过刑事检察从严惩治侵害公民个人信息犯罪行为的同时，通过提起刑事附带民事公益诉讼、制发检察建议等方式推动相关行业领域整治，构建多部门协作配合机制，共同维护孕产妇生育信息安全。

实务指导

➤ **什么情况下可以处理个人信息?**

符合下列情形之一的,个人信息处理者方可处理个人信息:

(1)取得个人的同意;

(2)为订立、履行个人作为一方当事人的合同所必需,或者按照依法制定的劳动规章制度和依法签订的集体合同实施人力资源管理所必需;

(3)为履行法定职责或者法定义务所必需;

(4)为应对突发公共卫生事件,或者紧急情况下为保护自然人的生命健康和财产安全所必需;

(5)为公共利益实施新闻报道、舆论监督等行为,在合理的范围内处理个人信息;

(6)依照本法规定在合理的范围内处理个人自行公开或者其他已经合法公开的个人信息;

(7)法律、行政法规规定的其他情形。

处理个人信息应当取得个人同意,但是有前款第二项至第七项规定情形的,不需取得个人同意。

➤ **敏感个人信息包括哪些内容?**

敏感个人信息包括生物识别、宗教信仰、特定身份、医疗健康、金融账户、行踪轨迹等信息,以及不满十四周岁未成年人的个人信息。

➤ **如何向检察院举报侵害妇女权益的不法行为?**

可以通过多种方式向检察院反映所遭遇的问题,举报侵害妇女权益的不法行为:

(1)来信来访举报。可以写信或者直接到检察院检务接待大厅进行反映,提供公益诉讼线索。

(2)电话举报。可以通过举报平台公示的当地举报热线以及

12309 检察服务热线反映问题，寻求帮助。

（3）网络举报。还可以通过登录相关政府网站、公众号服务平台留言、发送邮件至指定邮箱等方式进行投诉。

《民事诉讼法》第 58 条

《行政诉讼法》第 25 条

《妇女权益保障法》第 77 条

《个人信息保护法》第 4 条、第 10 条、第 13 条

 维护女性权益，妇女联合会可以做些什么？

高强曾是李梅（女，案发时年龄未满十一岁）的养父。某夜，高强醉酒后将李梅叫到二楼隔层，并与之发生性关系。此后即使没有喝酒，仍是明知故犯，对李梅多次侵害，直到造成李梅怀孕的严重后果。

县妇联"春蕾安全员"在常规巡查过程中发现这个家庭的异常情况，及时向检察机关通报，检察机关监督立案并提级管辖。市、县两级人民检察院提前介入侦查，并提供救助。

在案件办理过程中，县妇联"春蕾安全员"积极发挥作用，作为合适成年人到场参与询问，对李梅进行家访，两级人民检察院与妇联、民政局、村委会主动协调解决李梅安置问题。最终市人民检察院对被告人高强涉嫌强奸罪提起公诉，市中级人民法院判处其无期徒刑。

面对不法侵害时，妇联在维护女性合法权益过程中可以起到什么作用？

法律分析

1.根据《中华全国妇女联合会章程》，妇联要切实做到维护妇女合法权益（包括政治权利、文化教育权利、劳动和社会保障权利、财产权利、人身权利、婚姻家庭权利），倾听妇女意见，反映妇女诉求，向各级国家机关提出有关建议，要求并协助有关部门或单位查处侵害妇女儿童权益的行为，为受侵害的妇女、儿童提供帮助。

2.妇女维权的五项机制包括：

（1）妇女儿童侵权案件发现报告机制。

（2）建立和完善与综治、教育、公安、民政、残联等部门的信息沟通、情况通报、研判会商多部门联防联动机制。

（3）重点人群和家庭关爱服务机制。重点了解掌握贫困、残疾、留守、流动妇女儿童和单亲、失亲、矛盾多的家庭面临的困难和问题，摸清底数，建好台账，开展针对性强、形式多样的关爱服务活动。

（4）上下联动妇女儿童舆情应对机制。坚持属地管理，尽早发现、科学研判、及时处置、适时发声，做到事件处置与舆情处置同步同效。

（5）妇女儿童侵权案件工作督查制度。

3.本案中，基层妇联干部在日常走访中搜集问题线索，发现侵害妇女儿童权益事件，第一时间报警，与检察部门联动，做到了早发现、早报告、早解决，切实维护了未成年受害人的切身利益。

实务指导

➤ 找妇联解决问题需要付费吗？

妇联主要为妇女、儿童提供法律、婚姻、家庭、心理、教育等方面的咨询，受理有关妇女、儿童侵权案件的投诉（家暴方面，男性被家暴也可以找妇联）。无偿为妇女解答、协调、处理问题，不收取费用。

> ➤ **如何写救助申请书?**

在向妇联寻求帮助时,一般需要救助申请书,申请书首先写明申请人的姓名、性别、年龄、身份证号码、住址等基本状况。其次写明申请的理由,也就是目前经济困难的境况。最后写上如能获得补助的感谢。并签上姓名和申请日期。

《妇女权益保障法》第 6 条、第 8 条、第 15 条、第 16 条、第 22 条、第 73 条、第 74 条

二、人身和人格权益篇

　　人身权与财产权共同构成了民法中的两大类基本民事权利。法律对人身权的保护"确保我们能够充分享受自我"。

　　人身权是指民事主体依法享有的与其人身不可分离，又没有直接财产内容的民事权利。根据人身权产生和存在的依据不同，可以将人身权分为人格权和身份权两类。

　　具体人格权包括：生命权、身体权、健康权、姓名权、名称权、肖像权、名誉权、隐私权、信用权。一般人格权包括：人格独立权、人格平等权、人格自由权、人格尊严权。

　　身份权包括：亲权、亲属权、配偶权、荣誉权等。

1 "咸猪手"行为违法吗？

周一早上8点多，李梅乘坐地铁去单位上班。由于正赶上早高峰，车厢内比较拥挤。这时，李梅发现一名男子有意无意紧贴并实施触摸行为，本着"多一事不如少一事"的想法，李梅挪动位置以躲避，但该男子仍然继续紧贴。

到站后，李梅急忙下车，当她准备出闸机时，突然感到有人在身后抚摸并顶了自己臀部几下。一转身，发现正是在车上做出"咸猪手"行为的男子，正慌张地整理裤子拉链，李梅一把抓住该男子并立即报警。

在派出所，该男子交代，他叫高强，现年45岁，看到李梅长得漂亮便动了"歪脑筋"，为了寻求刺激，趁人多拥挤，实施"下流"行为。在公安机关对高强的审讯中，其称"咸猪手"只是道德问题，伸伸手只是占点便宜。

"咸猪手"行为违法吗？

法律分析

1. "咸猪手"是人们对于猥亵行为的一种称谓，在未得到对方同意的情况下，将手伸向其身体敏感部位，特别是私密部位的行为。

2. 一般情况下，咸猪手行为情节轻微的，涉嫌违反《治安管理处罚法》，处五日以上十日以下拘留。

如果是以暴力、胁迫或者其他方法强制对他人实施"咸猪手"行为，涉嫌构成强制猥亵、侮辱罪，需要承担法律后果，可处五年以下有期徒刑或者拘役。

如果"咸猪手"的对象是儿童，则涉嫌构成猥亵儿童罪，处五年以下有期徒刑；但如果有下列情形：猥亵儿童多人或者多次的；聚众猥亵儿童的，或者在公共场所当众猥亵儿童，情节恶劣的；造成儿童伤害或者其他严重后果的；猥亵手段恶劣或者有其他恶劣情节的，处五年以上有期徒刑。

3. 本案中，高强称"咸猪手"只是道德问题的认识是错误的。其违反了《治安管理处罚法》，应处五日以上十日以下拘留。

实务指导

➤ 日常生活中遇到"咸猪手"，该怎么办？

（1）一定要及时制止对方：若车内拥挤，感觉被人猥亵，找个机会，假装没站稳，狠狠地用高跟鞋朝他脚面踩下去，对违法人员进行警告；还可以利用刹车的惯性将"咸猪手"撞开，或者随身携带一些物品，朝对方狠狠地顶过去，但要避免对方防卫时伤到自己。

（2）一定要引起周围人注意："把手拿开！""不要乱摸！"若女性大声呼喊，引起周围人群的注意，"咸猪手"基本会知难而退，灰溜溜地下车。

（3）一定要记住对方体貌特征：要快速发现和记住目标人物独有的体貌特征，有助于做到"精准"打击。

（4）一定要在第一时间报案："咸猪手"有可能只是摸了一下，时间很短，如果没有监控，没有其他证据，对方又不承认的，很难被处罚，如果就近求助，及时报警，对方没有反应能力，再加上周围人的证明，对方一般都会坦白。

《治安管理处罚法》第 44 条

《刑法》第 237 条

2 女性在职场中遭受性骚扰，该如何维权？

女员工李梅曾在某公益社会工作服务中心从事社工服务工作，工作期间，公益理事长高强趁中心只有他和李梅两人之际，长时间拥抱李梅，李梅挣扎时不小心坐到高强大腿上，高强又从背后紧紧抱住李梅的腰部，李梅挣扎脱身。

第二天，李梅在丈夫的陪同下起诉至法院，认为高强作为机构负责人，利用优势地位实施性骚扰，给她造成巨大的精神伤害，应当承担精神损害赔偿责任。

高强的行为属于职场性骚扰吗？

法律分析

1. 职场性骚扰，是发生在工作场所的，以动作、语言、文字、图片、电子信息等方式实施的，与性有关的、违背员工意愿的行为。较之于一般性骚扰行为，职场性骚扰的特殊性表现在：

（1）行为环境特殊。职场性骚扰发生于工作场所之中，需要强调的是，"职场"或工作场所应该从广义上理解，不仅包括工作的处所，还包括其他与工作内容有关的场所、空间，比如出差地、旅馆、饭店等，这样才能更好地保护女性劳动者权益。

（2）行为主体特殊。职场性骚扰的主体范围相对较窄，加害人既可能是雇主，也可能是雇员的上级主管或者同事，还有可能是雇主的客户，而受害人只能是雇员。

（3）行为方式特殊。职场性骚扰的方式一般分为交换利益性骚扰和敌意工作环境性骚扰。前者通常用性的欢心换取与工作有关的好处，后者则包括不受欢迎的性殷勤（或性示好）举动或其他性言行无理地影响了员工的工作绩效，或者造成了一种使人生畏、充满敌意或使人憎恶的工作环境。

（4）损害后果特殊。职场性骚扰损害了劳动者特别是女性劳动者的性羞耻心理、人格尊严及其劳动权益。

2.本案中，高强的行为超出了一般性、礼节性的交往范畴，带有明显性暗示，违背了李梅的意志，对李梅造成了精神伤害，构成对李梅的性骚扰。

综合考虑行为方式和后果，高强应向李梅当面以口头或者书面方式赔礼道歉、赔偿精神损失。

实务指导

> **公共交通工具上遇到性骚扰怎么办？**

一方面自己要多加观察附近环境，避免过于沉迷手机，一旦发现不对劲的情况，及时交涉制止对方；如果发生比较严重的骚扰行为，则要大声制止，引起周围人的注意。记下对方体貌特征，可在下车后报警，通过监控指认。

> **打车遇到性骚扰怎么办？**

跟公共交通不同，打车私密性强，缺少了围观群众，增加了危险系数。

首先要选择正规出租车公司，黑车、顺风车尽量少坐；一旦在车上发现性骚扰苗头，立即通知紧急联系人，或者通过打车软件上的紧急求助键及时分享自己的行程，进行求助；如果实在不幸最终被带到偏远地区，以保命为前提尽量避免正面冲突，同时做好保护措施。

> **如何避免迷奸？**

迷奸一般是通过饮料、酒水等方式，首要原则是不喝陌生人和不熟的人递来的酒水、饮料，越是积极鼓动你喝的情况越要坚决拒绝。

敞口杯及带颜色的酒水饮料一律不喝，如果是瓶装矿泉水，可以通过摇一摇（看颜色是否浑浊）、挤一挤（检查瓶盖处、瓶身是否有针孔）等方式来辨别。

➤ 如何避免熟人作案？

跟前面说的一样，如果有简单的身体接触，只要是不愿意，就及时提出，一般情况下通过口头警告很多"有贼心没贼胆"的人就选择放弃了；坚决避免单独共处一室，一方面自我保护，同时可劝诫对方对 TA 也是一种保护（避免被诬陷）；如果在不知情的情况下不得不共处一室，及时打开手机的录音软件保留证据，包括收到的微信、短信等信息，都可作为日后投诉、起诉的证据材料。

➤ 面对职场性骚扰，如何保护自己？

（1）要保持冷静，同时与对方保持身体距离，告知对方不要继续骚扰。

（2）如果对方继续骚扰，在人多的场合时，可以提高声音给对方压力；在密闭环境时，应当尽可能寻找机会离开。

（3）在性骚扰发生的过程中及时进行取证。这一点尤为重要，大部分性骚扰行为都是因为证据不足没办法证明发生过性骚扰，最终不了了之。这时可以及时打开手机录音、录像功能进行取证，保存文字聊天记录、拍摄现场环境以及第一时间报警等候警察介入。

（4）在收集好性骚扰的证据后，可以第一时间向对方的公司、单位反映，要求对骚扰者进行处理。还可以将证据提交给公安机关，由公安机关进行治安处罚，如果涉嫌刑事犯罪的，还可以要求公安机关追究骚扰者的刑事责任。

《妇女权益保障法》第 23 条、第 25 条

《民法典》第 1010 条

《女职工劳动保护特别规定》第 11 条

3 女孩遭到校园欺凌，如何自我保护？

今年十四岁的初二学生李梅就读于城区中学，从初二开学以来，同班男同学高强就时不时向她要钱，如果不给，就会谩骂、起哄、起外号，号召其他同学孤立李梅。

不堪其扰的李梅终于鼓起勇气向老师报告了此事。老师向学校汇报后，立即联系高强的母亲，指出高强的行为属于校园欺凌，家长必须重视。孰料高强的母亲认为高强还是未成年人，不懂事，老师有点小题大做。

高强的行为属于校园欺凌吗？

法律分析

1. "校园欺凌"是指殴打、脚踢、掌掴、抓咬、推撞、拉扯等侵犯他人身体或者恐吓威胁他人；以辱骂、讥讽、嘲弄、挖苦、起侮辱性绰号等方式侵犯他人人格尊严；抢夺、强拿硬要或者故意毁坏他人财物；恶意排斥、孤立他人，影响他人参加学校活动或者社会交往；通过网络或者其他信息传播方式捏造事实诽谤他人、散布谣言或者错误信息诋毁他人、恶意传播他人隐私。这五种行为均构成校园欺凌行为。

2. 本案中，高强对李梅虽然没有明显的肉体伤害，但对李梅的精神伤害是巨大的，是典型的校园欺凌行为。对实施欺凌的未成年学生，学校应当根据欺凌行为的性质和程度，依法加强管教。对严重的欺凌行为，学校不得隐瞒，应当及时向公安机关、教育行政部门报告，并配合相关部门依法处理。因此，老师的做法是正确的。

实务指导

➤ 校园欺凌的后果是什么？

校园欺凌侵犯了未成年人的生命健康权、人格尊严权等权利。被欺凌造成损伤，可以协商解决；如果协商不成，可提起诉讼，诉请人身损害赔偿、精神损害赔偿或财产损失赔偿。

如果欺凌者的行为构成犯罪（已满十六周岁的人犯罪；已满十四周岁不满十六周岁的人，犯故意杀人、故意伤害致人重伤或者死亡、强奸、抢劫、贩卖毒品、放火、爆炸、投放危险物质罪的；已满十二周岁不满十四周岁的人，犯故意杀人、故意伤害罪，致人死亡或者以特别残忍手段致人重伤造成严重残疾，情节恶劣，经最高人民检察院核准追诉的），应当负刑事责任。

➤ 发生校园欺凌，该怎么办？

对于孩子来说：

（1）保持镇定。

（2）求救（人多的时候，可以大声警告对方，他们的所作所为是违法违纪的，会受到法律纪律的严厉制裁，会为此付出应有的代价。这样做的目的，一是大声告诉周围的老师同学关注欺凌者的行为；二是欺凌者大多知道自己的行为不对，会心虚，洪亮的声音可以起一个震慑作用）。

但一定要记住：人身安全永远是第一位的。试着通过警示性的语言击退对方，或者通过有策略的谈话和借助环境来使自己摆脱困境。但是不要去激怒对方。

（3）不惹事，但不怕事。如果在学校发生欺凌事件，一定要及时找老师解决；如果在校园外，一定要及时告诉家长。

对于受害学生家长来说：

（1）学会倾听。不要主观作出判断（不要武断认为孩子有错）。

（2）及时与学校和老师联系沟通。

（3）查找原因。

（4）鼓励孩子建立有益的人际关系。孤僻、不合群、人际交往能力差的孩子更容易遭受校园欺凌。家长要从小培养孩子和同伴建立善意、支持性的人际关系能力，这也许会间接减少校园欺凌事件。

对于施暴学生家长来说：

（1）以身作则、言传身教。

（2）适当的惩戒。给予严肃批评教育，绝不姑息。

（3）学会给孩子制定规范（勿以恶小而为之，勿以善小而不为）。

（4）加强与老师的联系。

（5）避免让孩子接触暴力的视频、玩暴力的游戏，自己也做到以身作则。

法律索引

《刑法》第 17 条

《未成年人保护法》第 16 条、第 39 条、第 100 条

《预防未成年人犯罪法》第 20 条

4 已婚人士欺骗女士同居导致怀孕，要赔偿吗？

李梅在朋友的怂恿下，注册成为婚恋网的会员。在浏览会员信息时，发现一个名叫高强的男士，各方面条件都符合自己的要求。恰巧此时，高强主动和李梅取得联系，希望两人能够认识、相处。

高强在网上的信息是单身，在两人一年的交往中，高强始终称自己离异。

高强的嘘寒问暖让李梅很是感动，李梅在结婚的前提下和高强同居。不久，李梅发现怀孕，于是向高强提出结婚，孰料平时性格

温和的高强突然一反常态表示拒绝，并告诉李梅自己其实还没有离婚。突如其来的变故让李梅深受打击，在闺蜜的陪同下到医院做了流产手术，身心受到极大的伤害。

李梅觉得自己受到了欺骗，找到高强讨要说法，高强不仅不承认错误，还说是李梅自己主动，是自作自受。李梅非常气愤，将高强起诉至法院，要求高强向她出具书面致歉信，并赔偿医疗费、精神损害抚慰金等 30 余万元。

法院会支持李梅的诉求吗？

法律分析

1. 民事主体从事民事活动，应当遵循诚信原则，秉持诚实，恪守承诺。不得违反法律，不得违背公序良俗。

诚实信用原则要求人们在民事活动中应当诚实、守信用，正当行使权利和履行义务。

公序良俗包括公共秩序与善良风俗两个方面。公序，即社会一般利益，包括国家利益、社会经济秩序和社会公共利益；良俗，即一般道德观念或良好道德风尚，包括社会公德、商业道德和社会良好风尚。

2. 本案中，高强的行为明显有悖于社会公德及公序良俗，亦有失诚实信用及道德准则，应当认定其主观有过错。高强的行为侵害了李梅人格权下的性权利，应当承担侵权责任。

实务指导

➤ 遇到已婚男隐瞒婚史"骗色"的案件，如何维权？

从近年来司法实践及法院判决可以看出，对于已婚男隐瞒婚史"骗色"的案件，可以通过侵权之诉进行维权，一般所列案由为人格权纠纷。另外，如果发现对方异常，要注意保留对方声称自己单身的证据，如聊天记录、录音等。从目前的司法实践看，如果男方确实已婚，而女方能够适当举证对方刻意隐瞒婚史的，法院一般都会认定男方侵权行为成立；如果存在因此流产等情形的，还可以索赔医疗费、误工费、护理费、营养费、交通费等费用。

➤ **未婚怀孕流产而产生的费用，到底由谁承担？**

目前，我国现行法律未作出明确的规定。实践中，各地法院处理此类案件的思路如下：

（1）依据公平原则，判令男方对女方作出适当补偿。

（2）从侵权的角度来考虑，认为未婚男方与女方发生性关系，是一种过错行为，但又考虑到性关系发生系出于双方自愿，所以女方本人也要承担部分责任，判令男方承担部分赔偿责任。

（3）部分法院认为这种问题属于道德问题，往往会不予受理此类案件。

（4）还有的法院把女方流产所产生的费用，视为双方共同债务处理，判决男女双方共同承担。

法律索引　《民法典》第 7 条、第 8 条、第 10 条、第 990 条、第 1165 条

5 妻子拒绝生育，丈夫可以索要精神损害赔偿吗？

高强与李梅在外务工时相识并相恋，2008 年，两人到民政部门登记结婚。

当时李梅是再婚，并已经与前夫育有一女，女儿跟随高强与李梅共同生活。高强和李梅结婚后，李梅一直未能怀孕，后来高强才得知李梅已做了绝育手术，为此，高强及其母亲一度要求李梅通过手术恢复生育能力，但是遭到李梅拒绝。李梅让高强不必担心，她

会和高强白头偕老。高强考虑到夫妻感情尚好，并且有了李梅的承诺，渐渐接受了李梅拒绝生育的事实，并愿意将李梅与前夫之女视如己出进行抚养。

但是，在长期的家庭生活中，李梅和高强之间也产生了很多矛盾，李梅多次提起离婚诉讼，这让高强认为李梅已经背弃了白头偕老的承诺，并且因李梅拒绝生育，导致高强至今未育有自己的子女，给其造成了严重的精神伤害，2021 年 7 月，高强将李梅诉至法院，要求李梅给付精神抚慰金 15 万元，其理由是李梅剥夺了他的生育权。

妻子拒绝生育，丈夫可以索要精神损害赔偿吗？

法律分析

1. 生育权是指公民享有生育子女及获得与此相关的信息和服务的权利。生育权的内容主要表现在生育决定权、生育知情权、生育安全权和保障权三方面。

2.《妇女权益保障法》规定妇女"有生育子女的权利，也有不生育的自由"，最高人民法院《关于适用〈中华人民共和国民法典〉婚姻家庭编的解释（一）》第 23 条规定："夫以妻擅自终止妊娠侵犯其生育权为由请求损害赔偿的，人民法院不予支持；夫妻双方因是否生育发生纠纷，致使感情确已破裂，一方请求离婚的，人民法院经调解无效，应依照民法典第一千零七十九条第三款第五项的规定处理。"

3. 本案中，高强以李梅拒绝生育侵犯其生育权为由，要求予以精神损害赔偿是得不到支持的。

实务指导

➤ 男性有生育权吗？

公民不分性别均有生育权。

➤ 作为男性一方的丈夫，其生育权是否就是一纸空文？

如果妻子的确不愿意生育孩子，丈夫却想要孩子，夫妻双方在这个问题上无法通过沟通达成一致，丈夫可以此作为请求离婚的理由与妻子离婚，法院会把这个理由作为判决其离婚的依据，通过这种方式，丈夫可以实现自己的生育权。

《妇女权益保障法》第 32 条

最高人民法院《关于适用〈中华人民共和国民法典〉婚姻家庭编的解释（一）》第 23 条

6 未婚少女产子后遗弃新生婴儿，构成犯罪吗？

李梅高中毕业（时年十八岁）就外出打工，经人介绍认识了在同一个厂子打工的同乡高强，一来二去，两人很快谈起了恋爱并同居。不久，李梅发现自己怀孕了，高强承诺要娶李梅为妻，并表示先把孩子生下来，等李梅达到结婚年龄两人就去领证。

孰料在李梅分娩前一个月，高强突然辞职并断绝了和李梅的所有联系，李梅无奈只能在工友的帮助下暂时居住在厂员工宿舍。

不久，李梅在厂员工宿舍三楼厕所内自然分娩，产下一名男婴。李梅将该男孩遗弃在厕所地板上，且未采取任何保护措施，独自回宿舍拿毛巾到冲凉房将身上的血迹洗掉，然后回到宿舍睡觉。当日早上，该男婴被发现已死亡。公安人员接到报案后，赶到员工宿舍将李梅抓获。

遗弃婴儿是否构成犯罪？

法律分析

1.遗弃是指家庭成员中负有赡养、扶养、抚养义务的一方，对需要赡养、扶养和抚养的另一方，不履行其应尽的义务的违法行为。如：父母不抚养未成年子女，成年子女不赡养无劳动能力或生活困难的父母，配偶不履行扶养对方的义务等。

2.遗弃婴儿是否构成犯罪，要根据实际情况而定：

（1）如果是因为闹脾气或者一时恍惚而将婴儿遗弃，事后反悔或者经批评教育认识到错误，且没有其他恶劣情节的，一般不应认定为犯罪。

（2）如果是以不扶养为目的，将婴儿遗弃在热闹的街区，或者妇幼保健院门口，一般可以认定为遗弃罪。

（3）如果是将儿童遗弃在荒无人烟的地方，或者一般人无法施救和察觉的郊外，导致儿童因无人发现而死亡或者重伤的，构成故意杀人罪或者故意伤害罪。

3.本案中，李梅明知将刚出生婴儿遗弃在厕所内的行为可能导致婴儿死亡的结果，仍予以放任，最终导致婴儿死亡，其行为已构成故意杀人罪。

实务指导

➤ 如何认定遗弃罪？

遗弃罪是指负有扶/抚养义务的人，对年老、年幼、患病或者其他没有独立生活能力的人拒绝扶/抚养，情节恶劣的行为。

遗弃罪的认定必须达到"情节恶劣"。这里的"情节恶劣"是指下列情形之一：

（1）由于遗弃而致被害人重伤、死亡的；

（2）被害人因被遗弃而生活无着、流离失所、被迫沿街乞讨的；

（3）因遗弃而使被害人走投无路被迫自杀的；

（4）行为人屡经教育、拒绝改正而使被害人的生活陷入危难境地的；

（5）遗弃手段十分恶劣的，如在遗弃中有打骂、虐待行为的；等等。

《刑法》第 232 条、第 234 条、第 261 条

夫妻同意用他人精子授精，妻子怀孕后丈夫可以反悔吗？

李梅和高强经人介绍认识后结婚。婚后，高强以自己的名义购买了位于市中心的商品房一套，并办理了产权登记。

由于婚后一直没有孩子，李梅和高强一起到医院检查，被告知高强患有先天性无精症，李梅自然受孕的概率几乎没有。求子心切，李梅和高强经过商量后，决定通过异质人工授精的方式怀孕。于是二人共同到医院签订了人工授精协议书，对李梅实施了人工授精，后李梅怀孕。

就在李梅怀孕后的第二个月，高强因病住院，其在得知自己患了癌症后，向李梅表示不要这个孩子，但李梅不同意人工流产，坚持要生下孩子。李梅态度坚决，高强便在医院立下遗嘱，在遗嘱中声明他不要这个人工授精生下的孩子，并将房屋赠与自己父母。不久高强因病过世，李梅于当年产下一子，取名高齐强。

高强在遗嘱中否认其与李梅所怀胎儿的亲子关系，有效吗？

法律分析

1. 最高人民法院《关于适用〈中华人民共和国民法典〉婚姻家庭编的解释（一）》第40条规定，"夫妻双方一致同意进行人工授精，所生子女应视为婚生子女，父母子女间的权利义务关系适用民法典的有关规定"。

《民法典》第136条规定："民事法律行为自成立时生效，但是法律另有规定或者当事人另有约定的除外。行为人非依法律规定或者未经对方同意，不得擅自变更或者解除民事法律行为。"

2. 本案中，高强签字同意医院为其妻子施行人工授精手术，该行为表明高强具有通过人工授精方法获得其与李梅共同子女的意思表示。高强要反悔此事，依照法律规定需要征得其妻李梅的同意。在未取得其妻李梅的同意下，高强不得以其单方意志擅自变更或解除。

高齐强是高强和李梅的婚生子女，是其父高强的合法继承人。高强未在遗嘱中为高齐强保留必要的遗产份额，侵害了胎儿的预留份，不符合民法典及相关司法解释规定，该部分遗嘱内容无效。

实务指导

➤ 父或者母可以要求确认或者否定亲子关系吗？

对亲子关系有异议且有正当理由的，父或者母可以向人民法院提起诉讼，请求确认或者否认亲子关系。特别需要说明的是，此处并未要求是夫妻关系，表明非婚生子女的父或者母也可要求确认或者否定亲子关系。

父或者母向人民法院起诉请求否认亲子关系，并已提供必要证据予以证明，另一方没有相反证据又拒绝做亲子鉴定的，人民法院可以认定否认亲子关系一方的主张成立。父或者母以及成年子女起诉请求确认亲子关系，并提供必要证据予以证明，另一方没有相反证据又拒绝做亲子鉴定的，人民法院可以认定确认亲子关系一方的主张成立。

➤ 子女可以要求确认或者否认与父母的亲子关系吗？

对亲子关系有异议且有正当理由的，成年子女可以向人民法院提起诉讼，请求确认亲子关系。

法律给予了成年子女确认亲子关系的权利，却并未给予成年子女否定亲子关系的权利。理由在于：这一限制是为了防止成年子女逃避对父母的赡养义务，在维护各方当事人权利义务公平对等的同时，体现了我国传统家庭伦理道德。

《妇女权益保障法》第 32 条

《民法典》第 16 条、第 27 条、第 136 条、第 1073 条、第 1155 条

最高人民法院《关于适用〈中华人民共和国民法典〉婚姻家庭编的解释（一）》第 39 条、第 40 条

8 丈夫强迫妻子"尽义务"，是否涉嫌强奸？

李梅与高强经人介绍认识，一个月后在双方父母的催促下办理了结婚登记。婚后，由于感情基础薄弱，加上婆媳关系以及双方个性相差较大，夫妻之间经常为生活琐事争执不断，甚至大打出手。

一日，双方因为孩子教育问题发生口角，进而互相抓扯，李梅一气之下就回了娘家。在娘家人的陪同下，李梅向法院递交诉状要求离婚。又过几日，高强酒后到丈母娘家，以向李梅索要家里的钥匙为由敲开了门，看到家里只有李梅一人，便强行要与李梅发生性关系，虽经反抗，但高强还是以暴力手段逼迫李梅就范，强迫妻子"尽义务"。

高强的行为是强奸吗？

法律分析

1.强奸，是指违背妇女意志，使用暴力、胁迫或者其他手段强行与妇女发生性关系或者奸淫不满十四周岁的幼女的行为。

我国刑法并未把丈夫排除在强奸罪的犯罪主体之外，丈夫在非正常或不稳定的婚姻关系中，违背妻子意志强行与妻子发生性关系的行为，构成强奸罪。司法实践中，非正常的婚姻关系，主要指：

（1）因感情不和而分居期间；

（2）提起离婚诉讼之后；

（3）丈夫教唆、帮助他人强奸妻子的，丈夫与他人共同轮奸妻子的，以及丈夫当众强行与妻子发生性关系的，应当认定为强奸罪。

2.在李梅提起离婚诉讼期间，高强违背其意志，采用暴力、威胁手段，强行与李梅发生性关系，其行为已构成强奸罪。

实务指导

➤ **夫妻之间有同居的义务吗?**

夫妻同居义务，是指男女双方以配偶身份共同生活，不仅指共同生活于婚姻处所，还包括夫妻间共同的性生活和共同的感情生活。其中，共同的性生活义务是其重要内容。

虽然我国对同居义务没有明确规定，但从《民法典》关于禁止有配偶者与他人同居的规定、关于夫妻应当相互忠实的规定以及离婚损害赔偿的有关规定，可推论出夫妻有同居的义务。

➤ **同居义务可以强制执行吗?**

同居义务不得强制执行，因为这样做"涉及人身自由问题"。

➤ **同居义务可以免除吗?**

同居义务要求夫妻双方共同生活，包括性生活。但同居义务又不是绝对的，下列情形构成停止或免除同居义务的充分理由：

（1）有正当理由暂时中止同居。如：因公务或私务需要，在较长时间内合理离家在外；因健康原因住院治疗或其他情形无法全部履行同居义务或只能履行部分同居义务的；等等。

（2）具有法定事由而停止同居。如：夫妻一方违背互负忠实义务时，有不堪同居的事实导致婚姻关系破裂、离婚诉讼期间等情形下，免除同居义务；因夫妻感情破裂而协议分居也是停止同居的充分理由。

➤ 如何证明夫妻分居？

下面列举的是能证明夫妻分居的常见证据：

（1）一方在外居住的、新住址接收的信件；

（2）双方签订的夫妻分居书面协议，一定是要书面的，口头协议必须得到对方承认；

（3）一方向另一方发出的书面分居文书，最好是用快件性质邮寄，在备注栏里注明"分居"，并且保留邮寄凭证，从邮寄之日起到提起离婚期间属于夫妻分居时间；

（4）双方来往的书信、电子邮件等能证明双方感情不和分居的事实；

（5）人证也可以，比如双方都认识的朋友或者亲戚，不过因为证人往往和为其作证的一方有利害关系及分居是夫妻"私事"，所以单独的证人证言难为法院采信，要辅佐以其他的证据。

《刑法》第 236 条
《民法典》第 1042 条、第 1079 条、第 1091 条

9 谈恋爱中，女性如何识别 PUA？

李梅是一个乐观开朗的女孩，从小到大可以说是"别人家的孩

子"，不仅长得清秀，在学校成绩也很好，高考时成绩优异被某著名学府录取。

大二时，李梅认识了学长高强，在高强猛烈的追求下两人谈起了恋爱。校园里的恋情本应该是美好的，但周围的同学逐渐发现李梅就像是变了一个人一样，其间李梅也多次向闺蜜流露出对男友高强的恐惧，并流露出自杀的想法。大三开学第一天，李梅就在学校跳楼自杀身亡。

经公安机关调查发现，李梅的男友高强在恋爱期间曾多次侮辱李梅并对其进行"精神驯化"，还向李梅提出"为他怀一个孩子，然后打掉""去做绝育手术"等过分的要求。李梅不是没有挣扎过，她曾对高强提出警告，并多次提出分手，但最终皆因高强的死缠烂打或以自杀相逼而未能与对方摆脱关系。高强时刻对李梅进行思想灌输，像"洗脑"一样控制着李梅，导致李梅不堪忍受。

高强对李梅实行的精神PUA违法吗？

法律分析

1. "PUA"是Pick-up Artist的简称，意为"搭讪艺术家"。最初"PUA"是一种鼓励男性不断完善自我、提高情商，以便和异性交往、恋爱的技巧。但随着时间的推移，"PUA"逐渐演变为一种心理操控术，在亲密关系中常表现为一种"负面洗脑"，通过打压对方来实现"精神控制"的目的。

2. 不良PUA涉及多项违法。

（1）开设网站并兜售PUA教程，通过文字、语言、视频等方式，故意向购买者传授实施骗取女孩钱财、诱导女性自杀等所谓的经验、方法，构成了《网络安全法》规定的利用信息网络实施违法行为。

（2）从不法渠道购买药物迷奸受害者，根据《刑法》规定，以暴力、胁迫或者其他手段强奸妇女构成强奸罪。

（3）使用培训的方法骗取受害者的钱财，涉嫌诈骗罪。

（4）用非法手段控制被害者的人身自由，则涉嫌非法拘禁罪。

（5）如果在成员之间传播淫秽的视频以及图片等，则有可能构成传播淫秽物品罪；奴化对方的行为，则有可能构成强制猥亵侮辱罪。

（6）故意采取引诱、怂恿、欺骗等方法使他人产生自杀意图。在受害者有自杀行为时，具有救助义务却不救助，从而涉嫌不作为的故意杀人罪。

实务指导

➤ **婚姻中的"PUA"有哪些表现？**

（1）一个人两个样，"人设"不一致。

（2）限制你的社交圈。

（3）精神控制。用言语侮辱、贬低你，摧毁你的自尊心和自信心。

（4）"驯化"与体贴并行。在你反抗时，对方突然变得温柔体贴，让你产生一种错觉，于是你心软了，对未来抱以期待。然而，对方根本没有准备什么未来，只会在下一个周期变本加厉地残害你。

（5）负面洗脑，错的永远是别人。

（6）摧毁你的意志。在你无法忍受，提出离婚时，对方会忏悔痛哭，利用朋友、家人对你施压，采用各种极端手段逼迫你不得不继续忍受这段关系，直到你崩溃为止。

法律索引

《网络安全法》第 46 条

《刑法》第 232 条、第 236 条、第 238 条、第 266 条

10 分手后，女方遭遇男方继续纠缠如何处理？

李梅（女、未成年人）系在校学生，与高强曾是男女朋友关系，双方分手后，高强多次通过自己的抖音、快手账户发布涉及李梅就读学校、生活照片、恋爱经过、堕胎经历等隐私信息，并对李梅进行侮辱，引发李梅周围同学、老师的议论，致使李梅名誉受损。李梅不堪压力，不愿前往学校学习，并长期失眠，甚至产生了自残等行为。

近年来，多地发生因婚恋纠纷侵犯妇女人身权益的案件。比如，以恋爱、交友为由或者在结束婚恋关系后，持续纠缠、骚扰妇女，甚至泄露、传播妇女隐私。当女性遭受这些侵害现实危险时，该怎么办？

法律分析

1.《妇女权益保障法》明确，禁止以恋爱、交友为由或者在终止恋爱关系、离婚之后，纠缠、骚扰妇女，泄露、传播妇女隐私和个人信息。妇女遭受上述侵害或者面临上述侵害现实危险的，可以向人民法院申请人身安全保护令。

2. 本案中，高强在与李梅分手后，持续纠缠、骚扰李梅，继续泄露、传播李梅的隐私和个人信息，李梅可以向户籍所在地或者经常居住地基层人民法院提出申请人身安全保护令。

实务指导

➤ 如何申请人身安全保护令？

可以口头申请（口头申请应当记录在案，并由申请人以签名、摁手印等方式确认），也可以书面申请。

➤ **申请人身安全保护令需要提交哪些证据?**

除了证明双方关系的材料外,申请人还需要搜集:

(1)公安机关证明。受害人在受到家庭暴力时,要及时报警并注意保留报警回执;

(2)医院证明、病历资料;

(3)音像资料;

(4)社会组织证明和证人证言。

实践中,人身安全保护令案件证明标准为"较大可能性"即可,不需要达到"高度可能性",同时可以由人民法院依职权调查取证。

➤ **人身安全保护令的请求内容有哪些?**

(1)禁止被申请人实施家庭暴力;

(2)禁止被申请人骚扰、跟踪、接触申请人及其相关近亲属;

(3)责令被申请人迁出申请人住所;

(4)禁止被申请人以电话、短信、即时通讯工具、电子邮件等方式侮辱、诽谤、威胁申请人及其相关近亲属;

(5)禁止被申请人在申请人及其相关近亲属的住所、学校、工作单位等经常出入场所的一定范围内从事可能影响申请人及其相关近亲属正常生活、学习、工作的活动;

(6)保护申请人人身安全的其他措施。

《反家庭暴力法》第 13 条、第 16 条、第 23 条
《妇女权益保障法》第 29 条

11 女性在面对网络暴力时,如何保护自己?

就读于师范大学的李梅完成了四年的大学生活,她将头发染成

了自己最喜欢的粉色，拍了漂亮的毕业照，对未来充满着期待。7月份时，她收到了研究生录取通知书，连信封都来不及拆开就赶到医院给最疼爱她的爷爷报喜，她将这一幸福时刻用照片记录下来并发到了网上，令人没想到的是，仅仅是几张照片居然招致了大量的恶意中伤和无端揣测，让这个青春明媚的女孩不再自信，不再充满希望，最终自杀。网暴的源头非常可笑，只是因为李梅染了一头"粉色"的头发。评论区里铺天盖地的骂声，那些施暴者仅凭她的发色就恶意质疑她的学历，随意杜撰她的职业，甚至攻击她的爷爷。

面对网络暴力，李梅该怎么办？

法律分析

1. 网络暴力是一种社会现象，指借助互联网这一载体，对受害者进行谩骂、抨击、侮辱、诽谤等，并对当事人的隐私权、人身安全权及其正常生活造成威胁或某种不良影响的行为。

2. 李梅遭遇到的就是典型的网络暴力。首先要收集好网络暴力的证据，可以截屏或者对网暴内容进行公证；然后可向公安部门、互联网管理部门、市场监督管理部门、消协、行业管理部门和相关机构进行投诉举报维权等。

实务指导

➤ 发生网络暴力时，网络服务提供者需要承担责任吗？

（1）网络用户和网络服务提供者的直接侵权行为，原则上都需担责。

网络用户的网络侵权大致包括侵害人格权（包括姓名权、肖像权、名誉权、隐私权等）、财产权益及知识产权的行为。当网络内容服务提供者主动编辑、组织和提供的网络内容侵害他人权益时，也应当承担直接侵权责任。

（2）网络服务提供者未及时采取必要措施，需承担间接侵权责任。

权利人如果发现网络用户利用网络服务侵害其合法权益，有权向网络服务提供者发出通知，要求其采取必要措施。网络服务提供者在接到通知后，应当采取删除、屏蔽、断开链接等必要措施。如果网络服务提供者未采取必要措施，就因此造成的损害扩大部分要与直接侵权的网络用户承担连带责任。

（3）特殊情况下，可要求网络服务提供者承担连带责任。

网络服务提供者知道或者应当知道网络用户利用其网络服务侵害他人民事权益，未采取必要措施的，与该网络用户承担连带责任。

《民法典》第 990 条、第 995 条、第 1194 条、第 1195 条

《刑法》第 246 条

《信息网络传播权保护条例》第 14 条

《网络信息内容生态治理规定》第 6 条

12 美容变毁容，遇到非法医美如何维权？

李梅一直觉得自己的脸比较大，不好看。在朋友的介绍下，李梅到某美容医院去打听有没有改变的办法。美容院检查后，建议她打玻尿酸。

打玻尿酸之前，美容院说得很好，说其他东西她们不敢保证，但她们敢承诺，打完玻尿酸后，李梅立马就能年轻四到五岁。李梅将信将疑，效果真的这么好吗？美容院非常肯定，让李梅不要怀疑她们家的实力。

随后，美容院也说了些不好的地方，比如她们家的玻尿酸效果虽然好，但进价很高，所以售价比同类产品贵一些，不过她们家玻

尿酸是公主牌，每个打完后的顾客都觉得效果很好，最后，李梅支付了 10197 元打了玻尿酸。

打完针后，李梅多次照镜子，想看看玻尿酸的效果，不承想，几个小时后，李梅就发现自己面部僵硬，已经吃不进东西，而且左边脸大，有点高，右边脸小了，成了大小脸！而且头痛、精神差，开始咬字不清！李梅找到了美容院，美容医院解释说，注射玻尿酸后恢复期一般需要七天，皮下有点淤肿的情况也是有的，属于正常现象，她们后期还会进行调整。

后来，在家人的陪同下，李梅到正规医院进行检查，结果为面神经损伤，已经造成不可逆的损害。

美容院应当承担责任吗？

法律分析

1. 医美机构从事的医疗美容服务，是为改善自身容貌及健康状态所进行的满足更高审美需求的生活消费，因此，医美机构为《消费者权益保护法》中的经营者，进行医疗美容治疗的自然人为消费者。

《消费者权益保护法》明确，经营者应当保证其提供的商品或者服务符合保障人身、财产安全的要求。对可能危及人身、财产安全的商品和服务，应当向消费者作出真实的说明和明确的警示，并说明和标明正确使用商品或者接受服务的方法以及防止危害发生的方法。

2. 本案中涉事医美机构并未对李梅提示相关医美项目可能产生的不利后果，没有尽到提示和警示义务，应当承担责任。

涉事医美机构应当赔偿医疗费、护理费、交通费等为治疗和康复支出的合理费用，以及因误工减少的收入。造成残疾的，还应当赔偿残疾生活辅助具费和残疾赔偿金。造成死亡的，还应当赔偿丧葬费和死亡赔偿金。

实务指导

➤ 医美消费者的维权途径有哪些？

可以向消费者协会或者依法成立的其他调解组织寻求调解，也可以自行与经营者协商和解，还可以向卫生行政部门投诉。当然，消费者也可以直接向有管辖权的人民法院提起诉讼或向仲裁机构申请仲裁。

➤ 在维权过程中的注意事项有哪些？

（1）要杜绝非法的"医闹"行为，例如严重扰乱医疗秩序的"打横幅""堵门""喧哗打闹"等寻衅滋事行为；采取和平的手段维权，尽量让医美机构负责人坐下来谈。医美机构最忌讳的是资质不全后受到行政机构处罚、门店业绩受影响以及负面新闻。

（2）杜绝毫无依据的维权，"整容失败"如是在行业接受范围内的美容效果，不建议医美消费者维权，不合理也不合法。

法律索引 《消费者权益保护法》第 18 条、第 49 条、第 55 条

13 女患者就医遭医生偷拍私密照片，如何追责？

高强系某医院妇科男性医生，网名叫"高人一等"。某日，他在网络发帖称"上班绝对严肃，下班放浪形骸"，并配发两张图片，其中包括女性患者李梅在医院就诊的照片。由于照片没有打码，可以清楚地看到女性下体和李梅的正面，对她的生活和工作造成极大的影响。

　　李梅找到高强，以侵犯隐私权为由要求高强赔礼道歉并赔偿损失；高强认为，自己本身就是医生，拍的是工作照，如果李梅觉得不合适，他删除图片就可以了，并拒绝认错，更坚决表示不会赔偿。

　　高强给患者拍照的行为侵犯了患者李梅的隐私权吗？

法律分析

　　1.隐私是自然人的私人生活安宁和不愿为他人知晓的私密空间、私密活动、私密信息。凡是与公共利益无关的私人信息和私人生活都应当属于隐私权的保护范围。

　　侵害隐私权的行为包括：以电话、短信、即时通讯工具、电子邮件、传单等方式侵扰他人的生活安宁；进入、拍摄、窥视他人的住宅、宾馆房间等私密空间；拍摄、窥视、窃听、公开他人的秘密活动；拍摄、窥视他人身体的私密部位；处理他人的私密信息等。

　　2.本案中，高强利用职务之便拍摄他人身体的私密部位，不仅严重违背了职业道德规范和保密义务，严重侵害了患者的人格尊严，其行为也侵犯了他人隐私权。

　　在民事责任方面，高强泄露患者隐私，应当承担侵权责任。

　　行政责任方面，其行为违反了《医师法》，县级以上人民政府卫生健康主管部门可责令其改正，给予警告、没收违法所得，并处一万元以上三万元以下的罚款；情节严重的，责令暂停六个月以上一年以下执业活动直至吊销医师执业证书。严重违反医师职业道德、医学伦理规范，造成恶劣社会影响的，省级以上人民政府卫生健康主管部门还可对其处以五年直至终身禁止从事医疗卫生服务。

实务指导

➤ 医疗机构及医务人员可能泄露患者隐私及个人信息常见表现形式有哪些？

　　（1）未经患者本人同意，将患者的个人信息及相关病历信息发表在医学期刊、个人论文、著作中，或用于讲座教学；

（2）医务人员问诊后与其他不相关人员讨论患者的病情和治疗方案，导致患者隐私及个人信息泄露；

（3）患者登记在医疗机构中的个人信息被故意或者过失出卖或披露，如将产妇的信息披露给奶粉厂商或婴幼儿用品厂商；

（4）未获得患者本人同意，组织实习生或医学生对患者身体甚至是隐私部位进行观摩、手术教学、检查等；

（5）医疗机构数据安全保护措施不到位，对电子病历监管存在漏洞，导致医务人员或其他人员可以随意查询患者的诊疗信息。

➤ **发生侵犯隐私的情况之后，受害者应如何维权？**

（1）采取自救性措施，要求侵权人停止侵害或警告，或要求其立即删除等；

（2）报警；

（3）搜集相关的证据；

（4）给侵权者发函，要求其停止侵权，或者向主管部门反映；

（5）向法院提起诉讼进行索赔。

法律索引

《民法典》第 1032 条、第 1034 条、第 1035 条、第 1036 条

《医师法》第 23 条、第 57 条

三、劳动者权益篇

　　劳动者权益，是作为劳动者，在劳动关系中凭借从事劳动或从事过劳动这一客观存在，依照有关劳动法律、法规所应该享有的权利与利益。

　　根据《宪法》《民法典》《劳动法》《职业病防治法》《工会法》以及《劳动争议调解仲裁法》等法律的规定，我国劳动者享有的合法权益包括：平等就业和选择职业的权利；取得劳动报酬的权利；休息、休假的权利；获得劳动安全卫生保护的权利；接受职业技能培训的权利；提请劳动争议处理的权利；有享受社会保险和福利的权利；有权拒绝用人单位强令冒险作业的权利。

1 女性在求职过程中遇用人单位询问其婚育情况，可以说不吗？

　　李梅从学校博士毕业后，就一直在跨国公司担任人事资源部负责人，由于专心于工作，加之要求比较高，所以一直单身。今年初，在老家的母亲因脑出血导致半身不遂需要有人长期照顾，考虑到自己是独生子女，李梅忍痛辞职，回到了老家。在母亲病情稳定后，李梅决定在当地找工作。由于有丰富的工作经验，很快就有一家企业邀请李梅加入。在入职之前，李梅被告知需要在体检中做了孕检才能正式上班。然而在正常的入职体检项目中并没有包含孕检这一项。

　　这样一项不在规定之中的体检项目让李梅感到非常不适，当场就拒绝了该公司的 Offer。据李梅称，从面试到拿到 Offer，沟通了大概有1个多月。每一次面试、复试、电话沟通，都提到了很多"结婚""怀孕"等。她还表示，找工作期间也感受到了一些公司对未婚未育女性的恶意和排挤。

　　李梅将自己的经历发布到网上后，引起了网友们的热议。那么，该企业的行为是否为性别歧视呢？女性就业者面对这种情况又该如何维权呢？

法律分析

　　1. 性别歧视指仅因个人或群体性别的不同而对其进行不平等的对待。包括就业性别歧视、驾车性别歧视、参政性别歧视等。

　　就业性别歧视，是指"基于性别的原因，用人单位在女性求职、就业过程中采取直接或间接的区别对待"，《妇女权益保障法》列举了就业性别歧视的具体情形，包括：限定为男性或者规定男性优先；除个人基本信息外，进一步询问或者调查女性求职者的婚育情况；

将妊娠测试作为入职体检项目；将限制结婚、生育或者婚姻、生育状况作为录（聘）用条件；其他以性别为由拒绝录（聘）用妇女或者差别化地提高对妇女录（聘）用标准的行为。《劳动法》第13条、《就业促进法》第26条、第27条也对禁止就业性别歧视作了规定。

2. 在本案中，用人单位在李梅求职过程中不断询问其婚育情况，甚至在李梅入职前要求其做孕检项目，否则不能入职。该企业已经构成对女性就业的歧视。

实务指导

➤ 女性在面临就业歧视时，如何维权？

（1）女性劳动者遭遇就业性别歧视时，最主要的维权途径还是劳动保障监察方式。《妇女权益保障法》第49条规定："人力资源和社会保障部门应当将招聘、录取、晋职、晋级、评聘专业技术职称和职务、培训、辞退等过程中的性别歧视行为纳入劳动保障监察范围。"

可以通过拨打12333、12338、12351等热线或到人力资源和社会保障部门进行举报、投诉，由相关部门责令企业进行改正；拒不改正或者情节严重的，处一万元以上五万元以下罚款。

（2）用人单位侵害妇女的平等就业权，可以向当地的劳动仲裁委员会申请调解、仲裁或向人民法院起诉。

（3）可以向当地的妇联等妇女组织求助。妇联有义务联合或协助其他组织查处或约谈用人单位，有义务给予妇女支持和帮助。

（4）对侵害妇女平等就业权益，导致社会公共利益受损的，妇女还可以向人民检察院寻求帮助。人民检察院可以发出检察建议或依法提起公益诉讼。

法律索引
《妇女权益保障法》第41条、第43条、第72条、第73条、第74条、第77条、第83条
《劳动法》第12条

2 产假期间有年终奖吗？

　　李梅于 2021 年 3 月入职一家房地产公司担任营销部经理，签订了为期三年的劳动合同。2022 年 8 月 1 日至 2022 年 11 月 23 日，李梅休产假，公司认为，李梅因怀孕、休产假等原因无法保证工作时间，对公司贡献很少，故无权获得 2022 年年终奖。李梅则认为自己对工作兢兢业业、认真负责，除休产假之外的时间都在工作，直到临产的前一天还为公司争取了一笔大单，年初制定的工作任务也超额完成，故诉至法院，要求公司向其支付 2022 年年终奖。

　　因为休产假就可以不发年终奖吗？

法律分析

　　1. "工资"是指用人单位依据国家有关规定或劳动合同的约定，以货币形式直接支付给本单位劳动者的劳动报酬，一般包括计时工资、计件工资、奖金、津贴和补贴、延长工作时间的工资报酬以及特殊情况下支付的工资等。年终奖从狭义讲是一种奖金，从广义讲属于工资性的劳动报酬，就应当由用人单位以货币形式按时、足额向劳动者支付。不给或者少给年终奖涉及的法律后果，第一个是行政处罚，罚款额度为 3 万至 5 万元，第二个是民事赔偿，单位如果少给的，必须补足年终奖金，同时用人单位还要向员工支付拖欠工资总额 25% 的经济补偿金。

　　2. 产假是员工应当享受的一个法定假日，产假期间视为员工提供了正常的劳动，因此产假期间必须支付员工年终奖。同时，《妇女权益保障法》《女职工劳动保护特别规定》等法律法规都规定，任何单位不得因结婚、怀孕、产假、哺乳等情形，降低女职工的工资。

3.本案中，单位以李梅休产假为由不发放年终奖是错误的。李梅可以和单位协商，如果问题得不到解决，可以向劳动监察部门反映。

实务指导

➤ 产假期间的工资如何发放？

（1）如果没有参加生育保险，则产假工资按照产假前工资的标准由用人单位支付。

（2）如果已经参加生育保险，则在产假期间可享受生育津贴，这也就是自己的产假工资，是由生育保险基金支付的。生育津贴高于本人原工资标准的用人单位不得克扣；生育津贴低于本人原工资标准的差额部分由用人单位补足。

（3）职工产假期间生育津贴一般由用人单位按照职工原工资标准逐月垫付，再由社会保险经办机构按规定拨付给用人单位。有的社会保险经办机构可以委托金融机构将生育津贴直接发放给职工。

➤ 发放年终奖是用人单位的法定义务吗？

年终奖系用人单位结合经营情况及劳动者的个人表现，对劳动者在年度中取得工作业绩的鼓励与奖励。在与劳动者无明确约定的情况下，用人单位具备决定是否发放与以何标准发放的自主权。

《妇女权益保障法》第 2 条、第 43 条

《关于工资总额组成的规定》第 4 条、第 7 条、第 11 条

《女职工劳动保护特别规定》第 4 条、第 5 条、第 6 条、第 7 条、第 8 条

《劳动保障监察条例》第 18 条

3 刚入职就怀孕，单位可以解除劳动关系吗？

李梅在大学毕业后，成功考上研究生继续读研深造，并在研究生期间与自己未来的丈夫高强相识相恋。研究生毕业后，二人顺理成章地步入了婚姻的殿堂。

在有了自己的小家后，既有学历又有事业心的李梅为了追求更好的职业发展，决定从现在的公司辞职，跳槽到一家更大的公司。由于其个人能力十分突出，一切都发展得很顺利，李梅很快就入职了新公司。

刚入职公司半个月，李梅在一次检查中惊讶地得知自己已经有了一个多月的身孕。她将这一情况如实告知给领导，领导当时并没有任何表示。一星期后，李梅被领导告知因为其刚入职不到一个月就怀孕，公司决定解除和她的劳动关系。

公司的决定让李梅一下慌了神，同时她也感到十分委屈。事情本来就是凑巧，自己也是入职后才知道自己怀孕的，并没有欺骗公司，公司直接就决定解除劳动关系，未免太不近人情了。

那么，女性刚入职就怀孕，用人单位可以以此为由解除劳动关系吗？

法律分析

1. 劳动合同一经签订即具有法律效力，劳动者和用人单位都要遵守合同约定的内容，在没有发生法律规定事由的情况下，用人单位不能单方面解除合同。

《劳动合同法》规定，劳动者有下列情形之一的，用人单位可以解除劳动合同：（1）在试用期被证明不符合录用条件的；（2）严重违反用人单位的规章制度的；（3）严重失职，营私舞弊，给用人单位造成重大损害的;(4)劳动者同时与其他用人单位建立劳动关系,对完成本单位的工作任务造成严重影响,或者经用人单位提出,拒不改正的;(5)因本法第26条第1款第1项规定的情形致使劳动合同无效的;(6)被依法追究刑事责任的。

2. 本案中,公司以李梅刚入职就怀孕为由决定解除与她的劳动关系是违法的。李梅可以申请劳动仲裁,要求保留工作岗位。如果不愿意在公司上班,除了可以主张公司违法辞退的双倍赔偿金,还可以主张怀孕、产期、哺乳期"三期"的工资。

实务指导

➤ 什么情况下应该告知用人单位自己怀孕的事实?

如果企业招聘的岗位是孕妇禁忌岗位或者不适合孕妇从事的岗位,女性应聘者是否怀孕就不属于个人隐私范围,有义务向用人单位提供或告知相关信息。

➤ 怀孕期间劳动合同到期了怎么办?

如果怀孕期间劳动合同到期了,对于用人单位而言,有两种选择:一是公司可以与女职工续签劳动合同;二是公司也可以不续签劳动合同,但是原劳动合同不会终止,将自动续延至哺乳期届满,工资待遇按原劳动合同执行,确保女职工享受到"三期"的特殊待遇。

《劳动法》第16条、第17条、第29条

《劳动合同法》第39条、第42条、第45条

《女职工劳动保护特别规定》第5条、第14条

《妇女权益保障法》第48条、第74条

劳动合同限制生育合法吗？

　　李梅在博士毕业后顺利收到了一家大公司的 *Offer*。但在与公司签订劳动合同的过程中，李梅却傻了眼。

　　这份劳动合同的其他条款都没什么问题，其中一条却写道，"为维护甲方利益，甲方有权要求乙方在入职两年内不得生育"。

　　尽管自己尚未结婚成家，但未来的事谁也说不准，现在公司居然直接在劳动合同中要求自己不能生育小孩，这让李梅大为不解和愤懑。根据公司人力资源部门的说法，是因为公司以前有女性员工刚入职就宣称自己怀孕，在没怎么工作的情况下一直带薪休假。为了杜绝此种情况，公司专门规定女性员工进公司两年内不能生育，这项规定并非针对李梅个人，所有女员工都遵守这项规定。

　　用人单位在劳动合同中限制生育合法吗？

法律分析

　　1.订立劳动合同，应当遵循平等自愿、协商一致的原则。《劳动合同法》规定，以欺诈、胁迫的手段或者乘人之危，使对方在违背真实意思的情况下订立或者变更劳动合同的，或者用人单位免除自己的法定责任、排除劳动者权利的，以及违反法律、行政法规强制性规定的，都属于无效劳动合同。劳动合同部分无效，不影响其他部分效力的，其他部分仍然有效。

　　2.《妇女权益保障法》规定，各单位在录用女职工时，应当依法与其签订劳动（聘用）合同或者服务协议，劳动（聘用）合同或者服务协议中不得规定限制女职员结婚、生育的内容。

　　《劳动法》《就业促进法》规定，妇女享有与男子平等的劳动权利。用人单位招用人员，除国家规定的不适合妇女的工种或者岗位外，不得以性别为由拒绝录用妇女或者提高对妇女的录用标准。用人单位录用女职工，不得在劳动合同中规定限制女职工结婚、生育的内容。

3. 本案中，在公司与李梅所签订的劳动合同中，针对李梅入职后两年内不能生育的条款，因违反了法律的强制性规定而无效。

实务指导

➤ 单位以未婚先孕为由解除劳动合同合法吗？

生育权是法律赋予女职工的一项基本权利，我国目前没有法律、法规规定女职工不得未婚先孕，法律法规也明确规定用人单位不得以怀孕为由解除女职工的劳动合同。因此，用人单位以未婚先孕为由辞退员工的做法是违法的。

《妇女权益保障法》第 44 条、第 73 条、第 74 条
《劳动法》第 16 条、第 18 条、第 89 条、第 97 条
《就业促进法》第 3 条、第 27 条

5 女性孕期不适，在家休息构成旷工吗？

李梅和丈夫高强结婚三年有余，夫妻关系甜蜜又温馨。但稍显遗憾的是，李梅一直没有怀孕。在双方父母的催促下，二人到医院做了检查。

在检查中，丈夫高强被检测出性器官异常，精子活力低，这让夫妻二人一下没了主意，急得焦头烂额。不过好在经医生提醒，二人了解到可以通过人工受孕方式解决这个问题。

李梅专门向公司请假三天以进行手术，公司对李梅的请假也予

以了批准。手术进行得很顺利，但是术后李梅却出现了腹胀、头晕、体力差等情况。医生告诉她这是正常现象，只需在术后注意休息即可。

在医生出具了诊断证明书后，李梅向公司请假两周以保证身体的恢复。令人没有想到的是，李梅刚休息一周，公司就以连续旷工为由向李梅发出了解除劳动合同通知书。

公司认为公司一方已经批准了李梅进行手术的三天假期，不能接受术后李梅还要再休息两周的请求。李梅整整一周没上班，根据公司规定，已经构成无故旷工，所以公司解除与其劳动合同是合理的。

女性人工受孕在家休息构成旷工吗？公司可以解除与员工的劳动合同吗？

法律分析

1. 旷工是指职工在正常工作日无正当理由不请假或者请假但未被批准的缺勤行为。主要包括：未履行请假手续或请假未获批准而擅自离开工作岗位的；请假期满，不续假或续假未获批准而逾期不归；不服从合理的工作安排，不按时到安排的工作岗位工作的。

2. 法律并没有规定劳动者旷工多少天，用人单位可以解除劳动合同。但《劳动合同法》第 39 条第 2 项规定，严重违反用人单位的规章制度，用人单位可以解除劳动合同。因此，员工旷工几天用人单位可以解除合同，应由用人单位规章制度进行规定。

3. 在本案中，一方面，根据《企业职工患病或非因工负伤医疗期规定》，企业职工因患病或非因工负伤，需要停止工作医疗时，可以有三个月到二十四个月的医疗期。李梅在术后产生多种不适症状，在有证明情况下确因身体原因向公司申请为期两周病假符合法律规定，用人单位不能以此为由认定李梅为旷工。另一方面，《妇女权益保障法》规定妇女在孕期受特殊保护，这里的孕期既包括自然怀孕的孕期，也包括人工受孕的孕期。在女性职工孕期内，用人单位不能单方面解除劳动合同。

综上，用人单位判定李梅在人工受孕后请假属于旷工，并解除与其的劳动合同是不合法的。

实务指导

> **只要是缺勤，就可以认定为"旷工"吗？**

答案是否定的。认定为"旷工"，必须以具有违纪的故意为前提。

国务院《企业职工奖惩条例》对于旷工设置了前提，即"无正当理由"，不难看出，只有"无故旷工"，单位才可根据依法制定的规章制度进行相应的处分。因为违纪是一种故意行为，员工明知相关规章制度的规定仍然违反才是违纪。

职工请事假，原则上应事先经单位批准，否则单位一般可按旷工处理。但是如果职工确有正当理由请事假，单位应当批准；事先来不及请假，应当允许职工事后补假。

职工请病假，一般来说，只要劳动者提供了医院出具的病假建议单和相关证明，企业就必须准假。但是企业有权对病假证明进行审核，确认其真实性。所以员工有义务按单位规定履行病假手续。如果职工不办理请假手续无故缺勤，原则上属于旷工。但是对于请病假手续不全或程序延误的，企业应及时催告员工补办病假手续，员工无正当理由未予补正的才可作旷工处理。旷工达到了一定的天数，单位可按规章制度认定其属于严重违纪。构成严重违纪的，单位可解除劳动关系。但是对于弄虚作假请病假或病假期间在外兼职或者外出旅游的，不仅属于旷工，而且属于严重违反诚实信用原则的行为，情节严重的，单位可直接按严重违纪处理。

➤ "旷工"多久可以辞退?

旷工属于公司内部章程规定内容,每个公司有不一样的规定,一般为三天。国务院《企业职工奖惩条例》第18条规定:职工无正当理由经常旷工,经批评教育无效,连续旷工时间超过十五天,或者一年以内累计旷工时间超过三十天的,企业有权予以除名。

对员工旷工的处分的法律依据是《劳动法》第25条的规定,而第25条不属于第28条规定的给予经济补偿的范围。所以,员工因旷工而被辞退的,没有经济补偿。

➤ 可以对"旷工"员工进行经济处罚吗?

在员工旷工期间,公司可以扣除相应的工资,但是,不可以多扣一点工资作为处罚。

《立法法》和《行政处罚法》规定:对财产的处罚只能由法律、法规和规章设定。罚款属于财产罚范畴,所以此项规定只能由国家立法机关和政府行政部门制定。企业是以营利为目的的经济组织,不是国家立法机关和政府行政部门,无权在规章制度中设定罚款条款。

当然,如果员工的旷工行为给单位造成直接经济损失的,可以要求员工进行赔偿(经济损失的赔偿,可从劳动者本人的工资中扣除,但每月扣除的部分不得超过劳动者当月工资的20%。若扣除后的剩余工资部分低于当地月最低工资标准,则按最低工资标准支付)。

➤ 员工被拘留算"旷工"吗?

职工被行政拘留期间不属于旷工,应当依法按照劳动合同中止对待。旷工指职工在正常工作日不请假或请假未批准的无故缺勤行为。而被拘留不属于无故缺勤,不得算旷工。

《关于贯彻执行〈中华人民共和国劳动法〉若干问题的意见》第28条规定,劳动者涉嫌违法犯罪被公安机关收容审查(1997年7月被废止)、拘留或逮捕的,用人单位在劳动者被限制人身自由期间,可与其暂时停止劳动合同的履行。

　　暂时停止履行劳动合同期间，用人单位不承担劳动合同规定的相应义务。劳动者经证明被错误限制人身自由的，暂时停止履行劳动合同期间劳动者的损失，可由其依据《国家赔偿法》要求有关部门赔偿。

《人类辅助生殖技术管理办法》第 24 条

《劳动法》第 29 条

《妇女权益保障法》第 47 条、第 48 条

《企业职工患病或非因工负伤医疗期规定》第 3 条

6　企业安排女性员工三八妇女节上班，需要支付加班费吗？

　　李梅在一家花店上班，正逢三八妇女节到来，许多人都想通过送花的形式向身边的女性表达祝贺和敬意。因此李梅所在的花店业务量陡增，花店的几个工作人员在节日前后忙得不可开交。

　　节日过后，李梅总算是有了休息的时间。不过到了发工资这天，李梅看着自己的工资单，心里有了想法：自己对工作算是尽心尽力，甚至妇女节当天都在上班。作为妇女，在妇女节的时候加班，老板难道不应该支付加班费吗？

　　李梅将自己的想法告诉给店长，店长却称没听说过妇女节期间正常工作要给加班费的，更何况店里还给每个女性员工送了一束花，因此更不需要给加班费了。

　　那么，在三八妇女节当天工作的女性职工，可以要求用人单位支付加班费吗？

法律分析

1.加班费是指劳动者按照用人单位生产和工作的需要，在规定工作时间之外继续生产劳动或者工作所获得的劳动报酬。

《劳动法》规定，用人单位在下列节日期间应当依法安排劳动者休假：（1）元旦；（2）春节；（3）国际劳动节；（4）国庆节；（5）法律、法规规定的其他休假节日。

国务院《全国年节及纪念日放假办法》规定，妇女节属于"部分公民放假的节日及纪念日"，在三月八日当天，妇女可以享有半天的假期。原劳动和社会保障部《关于部分公民放假有关工资问题的函》的内容，对于妇女节、青年节等此类部分公民放假的节日，用人单位安排员工工作的，应当支付工资报酬，但不支付加班工资。

尽管该函只是规范性文件，法律的效力位阶较低，但几十年来依然行之有效。实践中出现相关劳动争议时，法院往往也以该函规定内容进行答复处理。

2.本案中，如果妇女节本身是在周六、周日这样的法定休息日，用人单位安排职工在法定休息日工作后又不能安排补休的，应该支付职工不少于百分之二百的工资报酬。

实务指导

➤ 劳动法关于加班工资的规定有哪些？

在法定节假日期间，用人单位安排劳动者工作的，应支付不低于劳动者工资的300%的工资报酬，并不得以调休、补休替代。

在休息日期间，安排劳动者工作又不能安排调休或补休的，应支付不低于劳动者工资的200%的工资报酬。如果单位未向员工明确调休或补休时间，员工皆有权要求两倍工资报酬。

在工作时延长劳动时间的，应支付不低于劳动者工资的150%的工资报酬。

用人单位要求员工加班不支付加班费是违法的。

➤ **如何确定加班工资计算基数？**

加班工资是用加班时间乘以每单位工资标准（即加班天数乘以日工资标准，或者加班小时数乘以小时工资标准），再按《劳动法》第 44 条的规定乘以相应的倍数。

但从《劳动法》第 44 条里，我们只能知道加班加点相对于正常工资的"倍数"，即：用人单位安排劳动者延长工作时间，以及休息日、法定休假日安排劳动者工作，应分别按照工资的 150%、200% 和 300% 支付加班工资。

要准确计算加班费，首先必须正确确定加班费的计算基数，实践操作中具体要把握以下几点：

（1）如果劳动合同有明确约定工资数额的，应当以劳动合同约定的工资作为加班费计算基准。应当注意的是，如果劳动合同的工资项目分为"基本工资""岗位工资""职务工资"等，应当以各项工资的总和作为基数计发加班费，不能以"基本工资""岗位工资"或"职务工资"单独一项作为计算基数。

（2）如果劳动合同没有明确约定工资数额，或者合同约定不明确时，应当以实际工资作为计算基数。凡是用人单位直接支付给职工的工资、奖金、津贴、补贴等都属于实际工资，具体包括国家统计局《关于工资总额组成的规定若干具体范围的解释》中规定"工资总额"的几个组成部分。但是应当注意一点，在以实际工资都可作为加班费计算基数时，加班费、伙食补助和劳动保护补贴等应当扣除，不能列入计算范围。

（3）在确定职工日平均工资和小时平均工资时，应当按照原劳动和社会保障部《关于职工全年月平均工作时间和工资折算问题的通知》，正常情况下，用人单位按月发放的工资中不包括休息日的工资。目前，职工全年月平均工作天数和工作时间分别为 20.83 天和 166.64 小时，而全年月平均计薪日和计薪时数分别为 21.75 天和

174 小时，职工的日工资和小时工资按计薪时间进行折算。

（4）实行计件工资的，应当以法定时间内的计件单价为加班费的计算基数。

（5）加班费的计算基数低于当地当年的最低工资标准的，应当以日、时最低工资标准为基数。

> **如何计算加班工资到底有多少？**

（1）延长时间的加班工资计算：加班工资 = 日标准工资（或计件工资）÷8（小时）×1.5×加班时间；

（2）休息日的加班工资计算：加班工资 = 日标准工资（或计件工资）÷8（小时）×2×加班时间；

（3）法定休假日加班工资计算：加班工资 = 日标准工资（或计件工资）÷8（小时）×3×加班时间。

《全国年节及纪念日放假办法》第 3 条
《劳动法》第 40 条、第 44 条
《关于部分公民放假有关工资问题的函》

女员工插足男客户婚姻，公司解除劳动合同合法吗？

2020 年 1 月 1 日，李梅与公司签订劳动合同，岗位为销售专员。2020 年 6 月，公司二届四次职代会通过了《关于〈劳动合同〉解除或终止的规定》与《员工奖惩制度》，并在公司进行了公示。《员工奖惩制度》第 2.1 条规定处分有：警告、记过、记大过、降级、撤职、留用察看、开除，处分情形包括但不限于威胁、侮辱、造谣传谣、损害他人或公司名誉，情节恶劣者。该《员工奖惩制度》被载

入《员工手册》第十一章。

2021年3月，李梅在销售产品的过程中认识了客户高强并对其一见钟情。高强告诉李梅自己已经成家并有孩子，但李梅表示，爱情是两个人的事情，与其他人无关。为迫使高强与妻子离婚，李梅采用打电话、发短信等方式多次骚扰对方，干扰了高强妻子的正常生活。公安局以上述事实为由决定对李梅行政拘留四日。

之后，公司告知工会李梅违反了《劳动合同法》及《员工奖惩制度》规定，决定解除劳动合同，工会复函，同意解除双方的劳动关系。

李梅不服，认为其作为一名普通劳动者，不能因为在生活方面存在一定过错就擅自开除。且其所犯错误是在个人的私生活里，不是在工作中产生，也不是与本公司员工发生，且也受过拘留的行政处分。

未树立正确的恋爱观，公司解除劳动合同合法吗？

法律分析

1. 民事行为应该尊重社会公德，符合公序良俗，维护社会公共利益，树立正确的婚恋观，是社会公德、家庭美德和个人品德的必然要求，是基本的道德，并非社会的苛求。

《劳动法》规定，劳动者严重违反劳动纪律或者用人单位规章制度的，可以解除劳动合同。

2. 本案中，李梅的行为虽然属于私生活问题，但由于严重违背了公序良俗，且遭受过行政处罚，造成较大的社会负面影响，故可以推定会对公司造成名誉损害的事实成立，违背了公司员工奖惩制度中的规定。公司据此解除与李梅的劳动合同，并通过了工会程序，故不属于违法解除。

实务指导

➤ 违反公序良俗的行为有哪些？

违反公序良俗的行为包括：危害国家公共秩序型，比如从事犯罪或者帮助犯罪行为；危害家庭关系型，比如约定断绝亲子关系；违反性道德行为型，如开设妓院，实践中以性行为为对价获得借款的情形；射幸行为型，如赌博、巨奖销售变相赌博等；违反人权和人格尊严行为型，比如过分限制人身自由换取借款的情形；限制经济自由行为型，比如利用互相借款扩大资金实力以分割市场、封锁市场；违反公平竞争行为型；违反消费者保护行为型；违反劳动者保护型；暴利行为型等。

《民法典》第 8 条
《劳动法》第 4 条、第 25 条

8 生育津贴低于实际工资，用人单位需要补足吗？

　　李梅与丈夫高强组成家庭后，便一心把生活的重心放在了工作上。李梅在工作中能力突出，经过几年的摸爬滚打，最终如愿以偿地成了公司的经理。

　　一天，因为身体感到不舒服，丈夫便陪着李梅去医院看病。让夫妻二人惊喜的是，医生告诉他们，李梅已经有了两个多月的身孕。李梅虽然非常看重事业，但在她内心深处，也渴望拥有自己的孩子。夫妻二人喜出望外，马上就把这一消息告知给一大家子人，整个家庭都沉浸在喜悦中。

　　几个月过去，李梅产下宝宝后，开始在家享受产假，恢复身体。在这过程中，有一件事让她一直耿耿于怀。李梅知道根据相关规定，她可以享受生育津贴，但生育津贴是按自己公司上一年度的平均工资算的，与她本来的工资相差不少。

　　本来作为经理的李梅每月工资扣除各种费用后有一万多元，但生育津贴只有五千元，这样的差距让李梅心里犯起了嘀咕。生育津贴比自己的实际工资低了这么多，用人单位需要补足吗？

法律分析

　　1. 生育津贴是国家法律规定的，职业妇女因生育而离开工作岗位期间，所给予其的生活费用，属于社会生育保险的一种。每个用人单位的女性职工都应该参加生育保险，而生育保险所需要的费用则由用人单位按照规定缴纳，职工本人不缴纳生育保险费用。女性职工因生育享受产假、享受计划生育手术休假期间以及法律、法规规定的其他情形下可以享受生育津贴。

　　2. 根据《妇女权益保障法》的规定，"用人单位不得因结婚、怀孕、产假、哺乳等情形，降低女职工的工资和福利待遇"。在生育津贴低于实际工资的情况下，用人单位有义务对其中差额进行补足。

　　3. 本案中李梅作为公司经理，其工资水平显著高于上年度用人单位月平均工资。若生育津贴仅以上年度用人单位月平均工资进行计发会损害李梅利益，对其不公平。此种情况下，用人单位有义务对两者之间的差额进行补足。

实务指导

➤ 用人单位不为员工缴纳生育保险该怎么办？

　　用人单位为员工缴纳生育保险属于单位的强制义务，不缴纳属于违法行为。员工可以向用人单位进行催缴或向劳动行政管理部门进行投诉，要求公司为其缴纳生育保险。

　　用人单位若未为员工缴纳生育保险，也应由用人单位按照其产假前工资标准支付生育津贴，用人单位不得拒绝该项义务。

➤ 如何领取生育津贴？

　　女性职工获得生育津贴需要满足一定条件，并非只要参加了社会生育保险就能获得生育津贴。大多数省份要求生育保险连续缴费达到一定时间才能领取生育津贴，一般为 12 个月。如果缴纳过程中有断缴而又不补缴等情况则不能获得生育津贴。

职工首先可以通过电话查询社保局或登录社保局官网进行在线查询了解自身是否符合领取生育津贴资格。之后可通过单位代办或个人申办方式领取生育津贴。由个人将申请材料递交单位经办人，再由单位向社保局进行申请或个人持结婚证、身份证、社保卡、出生证明等资料到当地社保局申请领取。

生育津贴具体金额计算方式为：用人单位上年度职工月平均工资缴费基数 ÷30（天）× 产假天数。

《社会保险法》第 54 条、第 84 条、第 86 条

《劳动法》第 77 条、第 100 条

《妇女权益保障法》第 47 条、第 48 条

《广东省职工生育保险规定》第 17 条

《浙江省女职工劳动保护办法》第 16 条

9 因照顾孩子拒绝加班，单位可以以此为由解除劳动合同吗？

李梅在一家广告公司上班，因为工作性质经常需要加班。尽管一周里有好几天都要加班，但这份工作薪水不低，而且也只是晚下班两三个小时，公司里的员工几乎都这样自己安慰自己。因此尽管有所不满，大多数人都是睁一只眼闭一只眼，得过且过。

某天工作日下班后，李梅正准备离开公司去幼儿园接孩子，部门经理却告知她公司临时有场会议需要她晚走几个小时。李梅非常

为难，但在得知丈夫高强确实无法抽身去接孩子后，李梅便告知部门经理自己必须去接孩子放学，便没有参加会议。

李梅没有想到，自己这一走就把部门经理彻底得罪了。第二天上班，部门经理告诉李梅因为她不遵守公司的规章制度，公司要开除她，让她直接去人事处登记离职。

李梅对部门经理的通知大为不解，自己的确是有事才没参加公司的会议，而且公司的会议安排在下班时间后，本身并不合理。不能因为平时经常加班就认为这件事理所应当。现在自己因为照顾孩子拒绝加班也是自己的权利，公司怎么就能单方面开除自己呢？

因照顾孩子拒绝加班，单位可以以此为由解除劳动合同吗？

法律分析

1. 工作中所指的加班是在八小时法定工作时间以外延长劳动者的上班时间或者在双休日以及法定节假日期间要求劳动者进行工作。

一般情况下（除发生危及劳动者人身权益、社会公共利益或国防安全等情形外），加班需要与劳动者协商，但每天不得超过 3 小时，每月不得超过 36 小时。

2. 本案中，用人单位在下班后安排会议，既不属于法定的特殊情形，也未与员工协商，构成违法加班。李梅因为孩子幼儿园放学而拒绝，于情于理都应该支持，公司不能以此为由解除与李梅的劳动关系。

实务指导

➤ 哪些情况下加班不需要征求劳动者的意见？

（1）发生自然灾害、事故或者因其他原因，使人民的安全健康和国家财产遭到严重威胁，需要紧急处理的。

（2）生产设备、交通运输线路、公共设施等临时发生故障，影响生产和公众利益，必须及时抢修的。

（3）必须利用法定节日或公休假日的停产期间进行设备检修、保养的。

（4）为完成国防紧急任务，或者完成上级在国家计划外安排的其他紧急生产任务，以及商业、供销企业在旺季完成收购、运输、加工农副产品紧急任务的。

（5）在法定节日和公休假日内工作不能间断，必须连续生产、运输或营业的。

在上述特殊情况下，用人单位组织职工延长工作时间可不受法律规定的条件限制，但用人单位应当按照法律规定的标准支付延长工作时间的工资。

➤ **员工拒绝加班能否给予警告处分？**

（1）《劳动法》第41条规定，用人单位由于生产经营需要，经与工会和劳动者协商后可以延长工作时间，一般每日不得超过一小时；因特殊原因需要延长工作时间的，在保障劳动者身体健康的条件下延长工作时间每日不得超过三小时，但是每月不得超过三十六小时。

（2）从法律规定可以看出，公司安排加班是需要与劳动者协商的，劳动者如不同意加班，公司无权强行要求员工加班。

（3）劳动部"关于印发《关于贯彻执行〈中华人民共和国劳动法〉若干问题的意见》的通知"第71条规定，协商是企业决定延长工作时间的程序（《劳动法》第42条和《劳动部贯彻〈国务院关于职工工作时间的规定〉的实施办法》第7条规定的情况除外），企业确因生产经营需要，必须延长工作时间时，应与工会和劳动者协商。协商后，企业可以在劳动法限定的延长工作时数内决定延长工作时间，对企业违反法律、法规强迫劳动者延长工作时间的，劳动者有权拒绝。若由此发生劳动争议，可以提请劳动争议处理机构予以处理。

➤ **单位违法加班怎么解决？**

（1）用人单位加班应征得劳动者的同意，不得强迫或者变相强迫劳动者加班。《劳动合同法》第 31 条规定:"用人单位应当严格执行劳动定额标准,不得强迫或者变相强迫劳动者加班。用人单位安排加班的,应当按照国家有关规定向劳动者支付加班费。"

(2)劳动者加班,每月不超过 36 小时。《劳动法》第 41 条规定:"用人单位由于生产经营需要,经与工会和劳动者协商后可以延长工作时间,一般每日不得超过 1 小时;因特殊原因需要延长工作时间的在保障劳动者身体健康的条件下延长工作时间每日不得超过 3 小时,但是每月不得超过 36 小时。"

(3)劳动者加班,单位应按法律规定支付加班费。《劳动法》第 44 条规定:"有下列情形之一的,用人单位应当按照下列标准支付高于劳动者正常工作时间工资的工资报酬:(一)安排劳动者延长时间的,支付不低于工资的百分之一百五十的工资报酬;(二)休息日安排劳动者工作又不能安排补休的,支付不低于工资的百分之二百的工资报酬;(三)法定休假日安排劳动者工作的,支付不低于工资的百分之三百的工资报酬。"

(4)可向劳动争议仲裁委员会申请仲裁。

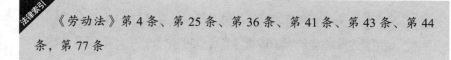

法律索引

《劳动法》第 4 条、第 25 条、第 36 条、第 41 条、第 43 条、第 44 条,第 77 条

10 女员工生产后回公司被通知调岗,公司有权这么做吗?

李梅在本地的一家企业上班,经熟人介绍与丈夫高强相识相恋。二人恋爱一年多以后,顺利走进了婚姻殿堂。没过多久,李梅发现自己怀有了身孕。

怀胎十月，李梅在这过程中吃了不少苦头，所幸最后孩子顺利被生下，李梅的身体也未太受影响。休完产假后，李梅准备带着新的身份回到熟悉的工作岗位，对未来充满了憧憬。

令李梅没想到的是，回公司上班的第一天，领导告知她已被公司调换了岗位，自己原先的岗位工作现在是她的同事在做。公司给出的理由是，由于李梅休假时间长，她原先的工作必须有人接手，现在同事在她原先的岗位上已经做了一段时间，为了保证公司内部人员流动的稳定性，所以决定让李梅调岗。

李梅很是不服气，自己只是怀孕生了个孩子，自己的工作能力也没有下降，依然能胜任之前的岗位，公司凭什么让自己调岗。再者，如果把自己调到一个薪水更高或者持平的岗位上也就算了，现在公司把自己调到了一个可以算作干杂事的岗位，只能拿基本工资，待遇和以前完全没法比，这完全就是逼着自己主动辞职。

女员工生产后回公司被通知调岗，公司有权这么做吗？

法律分析

1.调岗是指对劳动者与用人单位约定的劳动岗位进行变动，属于对劳动合同内容的变更。实践中常见的调岗情形有单位和劳动者协商一致的调岗、劳动者不能胜任职位后单位单方面的调岗、用人单位部门发生合并或分立后的调岗等。

对于孕期的女性员工可以将其调岗，却不能降低其工资待遇。《女职工劳动保护特别规定》规定"女职工在孕期不能适应原劳动的，用人单位应当根据医疗机构的证明，予以减轻劳动量或者安排其他能够适应的劳动"。同时，任何单位不能因为女职工怀孕、生育、哺乳而降低其工资。

2.本案中，公司无权单方面对李梅的岗位进行调换。

一方面，无论出于何种原因，公司决定对李梅进行调岗都需要与李梅协商一致后进行；另一方面，即使公司认为李梅久未在同一岗位上工作，工作能力有所下降，不能胜任先前岗位，也应该拿出相关证据证明这一客观情况。

实务指导

➤ "公司可以根据经营和发展状况，对劳动者进行调岗，且薪水随岗位变化而变化。"这样的约定有效吗？

劳动者可以主张该条款属于"用人单位免除自己的法定责任、排除劳动者权利"的情况，否定类似条款的效力。

➤ 用人单位将劳动者调岗后，可否"薪随岗变"？

（1）对于女职工，即使调离了原先的岗位，其工资依旧按照原先水平发放，不能以此为由降低其待遇。

（2）员工调换到新的岗位后，若公司有相应的岗位体系和薪资对应标准，根据公司的薪资标准对员工的待遇即使低于调岗前，也可以"薪随岗变"。

若公司内部规定没有对应的岗位体系和薪资标准，则在劳动者调岗后，用人单位无权自行决定降低劳动者薪水。新的薪资待遇需要用人单位与劳动者协商一致后才能确定。

《劳动合同法》第 26 条、第 34 条、第 40 条

《劳动法》第 95 条

《女职工劳动保护特别规定》第 1 条、第 5 条、第 6 条

《妇女权益保障法》第 47 条

11 经期女员工权益如何保护？

李梅大学毕业后进入当地一家企业上班。一天上班前，李梅发

现自己来了月经，联想到自己以往每次月经来临都会痛经，便提前带好了止痛药去上班。

刚到公司没多久，李梅便感受到一阵疼痛袭来，李梅忍着疼痛将止痛药服下后一边继续工作一边等待药效发挥作用。然而服下止痛药后过了半个小时，李梅依然没有感觉到痛意的消散，反而愈演愈烈。

李梅的身体越发难受，她只好趴在工位上，一只手扶着自己的腹部让自己好受些。公司领导在经过李梅工位时看到她趴在桌上，不禁发火斥责她，说李梅作为一个新人刚进公司不向其他优秀同事学习，这么快就学会"摸鱼"了，还声称要扣李梅的工资。李梅赶忙解释是因为自己经期身体不舒服，才刚刚趴着休息一会儿。领导没有接受她的说法，反而说李梅给自己找借口，经期再痛能有多痛，其他女同事都没问题就她一个人有问题。

涉世未深的李梅哪见过这种场面，在领导走后终究是抑制不住自己的情绪，滑落了几滴眼泪。

李梅经期疼痛在工位休息，却被领导批评"摸鱼"，经期女员工权益如何保护？

法律分析

1.女性因生理特点而造成的痛经需要休息是一项基本的权利。《女职工劳动保护特别规定》规定用人单位应当根据女职工的需要，建立女职工卫生室、孕妇休息室、哺乳室等设施，妥善解决女职工在生理卫生、哺乳方面的困难。同时，《女职工保健工作规定》也提出，患有重度痛经及月经过多的女职工，经医疗或妇幼保健机构确诊后，月经期间可适当给予1至2天的休假。

2.本案中，李梅因为痛经疼痛难忍需要休息本身无可厚非，其主观上并没有"摸鱼"的意图，公司领导以此为由对其进行批评是不公平的。

面对女性员工在生理期时的特殊困难，用人单位更需要站在女性的角度为员工考虑。用人单位应当为女性员工提供合理的工作时间安排，以便女性员工能够应对经期带来的身体和情绪变化，在女性员工生理期面对严重疼痛和不适时，用人单位更是有义务安排必要的场所和医疗援助保障她们的健康和安全。

实务指导

> **用人单位有权因为员工"摸鱼"将员工辞退吗？**

用人单位为了保证内部的工作效率，往往会针对员工的"摸鱼"行为进行规定，设定相应的处罚措施。在公司有规定的情况下，用人单位可以对"摸鱼"员工进行批评教育，甚至扣除工资，但却不能因为员工一般的"摸鱼"行为而将其开除。

根据《劳动合同法》的规定，其中劳动者"严重违反用人单位的规章制度的"，"严重失职，营私舞弊，给用人单位造成重大损害的"，用人单位可以解除与员工的劳动合同。员工的一般"摸鱼"行为，如上班刷视频、聊天等行为远未达到法律规定的"严重"程度，更没有对用人单位造成重大损害。因此在面对劳动纠纷时，单位仅以员工上班"摸鱼"为由开除员工往往不能够获得支持。

《劳动合同法》第 39 条

《女职工保健工作规定》第 7 条

《女职工劳动保护特别规定》第 10 条

四、财产权益篇

　　财产权益，主要指公民对其通过劳动或者其他合法方式所取得的财产，所拥有的占有、使用、收益、处分的权益，还包括通过劳动取得报酬、享受社会保障的权利等。

　　妇女的财产权益，是指国家保障妇女享有与男子平等的财产权利，在夫妻共同财产、家庭共有财产关系中，不得侵害妇女依法享有的权益。

　　我国法律对于妇女财产权益的保障具体体现在：妇女与男子平等地享有农村集体经济组织成员的身份及权利、国家保护妇女在城镇集体所有财产关系中的权益、妇女享有与男子平等的继承权、尽了主要赡养义务的丧偶儿媳能够作为第一顺位继承人、对夫妻共同财产享有共同记名权、离婚夫妻共同财产分割中照顾女方的原则、离婚时对家庭照料较多一方进行经济补偿等。

1 带货女主播与经纪公司签合同，应注意哪些"坑"？

李梅大学毕业后，在朋友的介绍下，与一家文化公司签订了为期一年的《艺人经纪合作合同》，正式成为一名带货主播。合同约定了李梅每天的直播时间不得少于6小时，直播收入超过保底津贴的部分由李梅和某文化公司三七分成等权利与义务，同时也约定如一方违约，需要支付10万元违约金。

合同签订后，满心欢喜的李梅全身心地投入到了这份喜爱的工作中，可工作一段时间后李梅发现，6小时高强度的直播是她难以承受的，每天的日夜颠倒和长时间高声说话让她疲惫不堪，她开始迟到、请假……

这期间，文化公司因李梅连续三个月直播时间均不足的问题多次找她谈话，要求李梅即刻改正并按合同约定开展工作。任性的李梅一气之下直接请长假离开了直播平台。文化公司两次发函要求李梅继续进行直播未果后，将其起诉至法院，要求解除双方签订的合同并主张李梅支付违约金10万元。

庭审中，李梅辩称双方签订的是劳动合同，但文化公司没有为自己缴纳社会保险，是公司违约在前，因此自己可以解除劳动合同，无需支付违约金。而文化公司则认为，双方签订的并非劳动合同，李梅也不算是他们公司的员工，因此公司并未违约。

李梅与公司之间，到底是劳动关系还是合作关系？

法律分析

1. 劳动关系是基于"用工"而形成的。"用工"的含义，包含三个层面的内容：

一是用人单位制定的规章制度适用于劳动者。

二是劳动者接受用人单位的劳动管理。这里的管理指的是劳动者要服从用人单位的工作安排，比如公司对劳动者作出工作内容的安排、公司对劳动者作出工作区域的安排、公司安排工作任务、调整工作内容等，都属于接受用人单位管理，有可能存在劳动关系。

三是劳动者提供的劳动属于用人单位的业务组成部分。

2.本案中，文化公司是存在于直播平台与网络主播之间的机构，不符合劳动合同关系中关于人身依附性关系的界定。从《艺人经纪合作合同》的内容来看，双方协议同时包含类似劳务、劳动合同、商事合同关系条款，不能简单据此认定双方为劳动合同关系。此外，李梅的收益实质上来源于直播进行中客人的直接"打赏"，其工作形式及收入分配方式不同于一般基于劳动关系而取得报酬的情形。

因此，双方并非劳动关系，而是艺人经纪合作关系。

实务指导

➤ **未成年人可以从事网络主播吗？**

《关于规范网络直播打赏　加强未成年人保护的意见》明确不得为未满十六周岁的未成年人提供网络主播服务，为十六至十八周岁的未成年人提供网络主播服务的，应当征得监护人同意。

➤ **对网络主播有什么要求或规范吗？**

根据2022年6月22日发布并实施的《网络主播行为规范》的相关规定，对网络主播的要求如下。

网络主播在提供网络表演及视听节目服务过程中不得出现下列行为：

（1）发布违反宪法所确定的基本原则及违反国家法律法规的内容。

（2）发布颠覆国家政权，危害国家统一、主权和领土完整，危害国家安全，泄露国家秘密，损害国家尊严、荣誉和利益的内容。

（3）发布削弱、歪曲、否定中国共产党的领导、社会主义制度和改革开放的内容。

（4）发布诋毁民族优秀文化传统，煽动民族仇恨、民族歧视，歪曲民族历史或者民族历史人物，伤害民族感情、破坏民族团结，或者侵害民族风俗、习惯的内容。

（5）违反国家宗教政策，在非宗教场所开展宗教活动，宣扬宗教极端主义、邪教等内容。

（6）恶搞、诋毁、歪曲或者以不当方式展现中华优秀传统文化、革命文化、社会主义先进文化。

（7）恶搞、歪曲、丑化、亵渎、否定英雄烈士和模范人物的事迹和精神。

（8）使用换脸等深度伪造技术对党和国家领导人、英雄烈士、党史、历史等进行伪造、篡改。

（9）损害人民军队、警察、法官等特定职业、群体的公众形象。

（10）宣扬基于种族、国籍、地域、性别、职业、身心缺陷等理由的歧视。

（11）宣扬淫秽、赌博、吸毒，渲染暴力、血腥、恐怖、传销、诈骗，教唆犯罪或者传授犯罪方法，暴露侦查手段，展示枪支、管制刀具。

（12）编造、故意传播虚假恐怖信息、虚假险情、疫情、灾情、警情，扰乱社会治安和公共秩序，破坏社会稳定。

（13）展现过度的惊悚恐怖、生理痛苦、精神歇斯底里，造成强烈感官、精神刺激并可致人身心不适的画面、台词、音乐及音效等。

（14）侮辱、诽谤他人或者散布他人隐私，侵害他人合法权益。

（15）未经授权使用他人拥有著作权的作品。

（16）对社会热点和敏感问题进行炒作或者蓄意制造舆论"热点"。

（17）炒作绯闻、丑闻、劣迹，传播格调低下的内容，宣扬违背社会主义核心价值观、违反公序良俗的内容。

（18）服饰妆容、语言行为、直播间布景等展现带有性暗示、性挑逗的内容。

（19）介绍或者展示自杀、自残、暴力血腥、高危动作和其他易引发未成年人模仿的危险行为，表现吸烟、酗酒等诱导未成年人不良嗜好的内容。

（20）利用未成年人或未成年人角色进行非广告类的商业宣传、表演或作为噱头获取商业或不正当利益，指引错误价值观、人生观和道德观的内容。

（21）宣扬封建迷信文化习俗和思想、违反科学常识等内容。

（22）破坏生态环境，展示虐待动物，捕杀、食用国家保护类动物等内容。

（23）铺张浪费粮食，展示假吃、催吐、暴饮暴食等，或其他易造成不良饮食消费、食物浪费示范的内容。

（24）引导用户低俗互动，组织煽动粉丝互撕谩骂、拉踩引战、造谣攻击，实施网络暴力。

（25）营销假冒伪劣、侵犯知识产权或不符合保障人身、财产安全要求的商品，虚构或者篡改交易、关注度、浏览量、点赞量等数据流量造假。

（26）夸张宣传误导消费者，通过虚假承诺诱骗消费者，使用绝对化用语，未经许可直播销售专营、专卖物品等违反广告相关法律法规的。

（27）通过"弹幕"、直播间名称、公告、语音等传播虚假、骚扰广告。

（28）通过有组织炒作、雇佣水军刷礼物、宣传"刷礼物抽奖"等手段，暗示、诱惑、鼓励用户大额"打赏"，引诱未成年用户"打赏"或以虚假身份信息"打赏"。

（29）在涉及国家安全、公共安全，影响社会正常生产、生活秩序，影响他人正常生活、侵犯他人隐私等场所和其他法律法规禁止的场所拍摄或播出。

（30）展示或炒作大量奢侈品、珠宝、纸币等资产，展示无节制奢靡生活，贬低低收入群体的炫富行为。

（31）法律法规禁止的以及其他对网络表演、网络视听生态造成不良影响的行为。

《劳动法》第 2 条

《刑法》第 266 条

《民法典》第 473 条、第 491 条、第 617 条

《电子商务法》第 79 条

《关于加强网络直播营销活动监管的指导意见》(国市监广〔2020〕175 号）

《网络主播行为规范》第 14 条

2 变美不成背上巨额债务，遇到"美容贷"怎么办？

女大学生李梅在某视频网站中刷到一家美容店 29.9 元的皮肤护理体验套餐，本着不妨一试的心态，预约了到店体验。在店内护理期间，美容师不断劝说她办年卡更优惠，起初李梅以自己是学生没有这么多钱为由婉拒，但美容师听后推荐她下载某分期贷平台，称"0 利息 0 首付，先美丽再支付"。此时，有店员恰巧进来抱怨这个月的"特惠名额"快用完了，而美容师则热心地破例为李梅腾出了名额，爱美心切又难辞好意的李梅，糊里糊涂地按照店员的指引办理了 6000 元的"美容贷"。

在偿还了几次贷款后，李梅发现利息越来越高，已经超出了她所能承担的范围。之后，她频繁地接到借贷公司的催收电话，被告知已经背上了近 8000 元的贷款及高额利息，她告诉对方自己是学生无法偿还后，催收人不仅不同情，还将催收留言发到了李梅及其家人的社交账号上，对其生活造成了严重的恶劣影响。

当地消费者协会介入后发现，李梅并没有和商家签订相关合同，也没有收款收据，而是与某小贷公司签订了贷款合同，分成了 12 期，合同年化利率高达 30% 左右，总利息约 2000 元。最终，在消费者协会和家人的帮助协商下，美容店同意免去高额利息并办理了部分退款。

"美容贷"违法吗？

法律分析

1.美容贷作为一种消费贷款，本身并不违法，但是由于一些贷款平台在操作上存在漏洞，为贷款中介提供了骗贷机会，可能会发展成为高利贷或者套路贷。如果发现有下列情况，"美容贷"即涉嫌违法：

（1）超过法定最高利率，构成高利贷。民间借贷约定的利率不得超过合同成立时一年期贷款市场报价利率（LPR）的四倍，超过的部分法律不予保护。

（2）美容院和贷款机构串通，号称零抵押零担保低利息，"里应外合"诱使没有还贷能力的消费者进行借贷，以虚假的口头承诺，隐瞒贷款风险，让消费者基于错误的认识签订贷款协议，视具体情况可能构成欺诈，严重的甚至可能构成诈骗罪。

（3）不法医疗美容机构与贷款中介公司合谋，伪造申请资料、串通骗取贷款，款项直接委托支付到不法医疗机构账户，在疯狂套现、赚取佣金及美容项目的业务分成的同时，申请人也莫名背上巨额债务，可能构成骗取贷款罪。

（4）贷款机构设置高额利息和苛刻的还款条件，无法还贷时又通过轰炸通讯录、骚扰家人、恐吓、暴力等方式催收因高利放贷而产生的非法债务的，可能构成催收非法债务罪。

2.本案中，一方面，美容店明知李梅没有经济能力和社会经验，以虚构事实的手段，在违背李梅真意的情况下签订了借贷合同，存在骗贷情形，应当由医美机构偿还贷款及其利息；另一方面，贷款机构采用骚扰的方式催收非法债务，涉嫌催收非法债务罪。

实务指导

➤ **在遭遇"美容贷"等借贷需求时，我们需要注意什么？**

（1）要注意审查医美机构的资质。避免选择无官方认证的或者虚假的医疗项目。

要注意辨别不良广告。尽管2021年广电总局已经禁止各广播电视和网络视听机构、平台播出"美容贷"及类似广告，但在各个社交软件上还是能够不时看到这类广告，一定要提高警惕。

（2）要注意连环套路。在贷款美容前也要审慎评估自己的经济条件和还款能力，注意审查贷款合同中关于期限、贷款利率、逾期及违约金条款，防止被贷款机构以逾期违约等名目加重还款负担。若被唆使提供虚假的资质证明以证明还款能力，一定要坚定拒绝。

（3）要注意保存好证据，一方面可以联系当地消费者协会帮忙协商，另一方面也可以报警处理。

《民法典》第148条

《刑法》第175条、第266条

最高人民法院《关于审理民间借贷案件适用法律若干问题的规定》第25条

3 外嫁女享有征地补偿权吗?

李梅系 A 村村民,出生便入户 A 村,在村内享有相关的承包权等村民权益。出嫁后户籍仍保留在本村,日常照常参与村务活动。但是自出嫁后,村委会便以李梅系外嫁女为由停止发放村民福利,如今遇到土地征收,村委会在收到土地补偿款后召集村代表会议,会议决议中明确:"户籍在本村的外嫁女不纳入分配范围。"李梅在得知无法分得征地补偿款后,认为自己作为村集体经济组织成员的权益受到侵犯,故起诉至法院。

在庭审辩论中,李梅主张,出嫁女也有权分配集体红利是有法可依的,村民小组以"村规民约"为由不予发放征地补偿款的行为已严重损害了她的合法权益,请求法院判令被告村民小组支付其应得的补偿款。被告村民小组组长则认为,该村在从前也曾分配过土地征收补偿款,当时"外嫁女"及其子女都不能参与分配,之所以这次不分,也是依据当年那个"村规民约"。

那么,"外嫁女"享有征地补偿权吗?

法律分析

1. 根据我国《妇女权益保障法》的规定,妇女在农村集体经济成员身份确认、土地承包经营、集体经济组织收益分配、土地征收补偿安置或者征用补偿以及宅基地使用等方面,享有与男子平等的权利。任何组织和个人不得以妇女未婚、结婚、离婚、丧偶等为由,侵害妇女在农村集体经济组织中的各项权益。

2. 本案中,李梅虽然是"外嫁女",但她自出生至今户口一直登记在被告的所在地,是集体经济组织成员,应当与其他村民同等享有参与分配的资格。村民小组的决议将"外嫁女"排除出分配补偿款的名单是不合法的,应作无效处理。

实务指导

➤ **如何判断取得和丧失集体经济组织成员资格？**

根据我国《土地承包法》等相关法律规定，判断取得和丧失集体经济组织成员资格主要考量如下因素：

征地补偿方案确定时，户口是否在该集体经济组织、是否在该集体经济组织实际生产和生活、是否以该集体经济组织的土地为基本生活保障、是否在原集体经济组织履行村民义务、是否在其他集体经济组织享受了村民待遇，等等。

《妇女权益保障法》第 53 条、第 55 条、第 56 条

《村民委员会组织法》第 27 条

4 男友通过微信转给女友的资金，是赠与还是借贷？

2020 年 8 月，高强与李梅经朋友介绍结识，发展成情侣关系并同居生活。恋爱期间，两人多次产生款项往来记录，高强陆续向李梅转款约 14.8 万元，李梅向高强转款共计 11.4 万元，但双方均未在转款备注中注明款项性质及用途。

2021 年 12 月，两人因感情不和分手。高强认为向李梅的转账是借贷行为，李梅应向其归还借款 3 万余元，高强多次致电李梅均被李梅置之不理，便向法院提起了诉讼。案件审理过程中，李梅辩称，并没有向高强借款，是两人同居期间，自己照顾高强生活起居的共同花销，剩余款项已经退还给高强。

高强自称的 3 万余元，李梅应该返还吗？

法律分析

1.对在民间借贷纠纷中,没有借条仅有转账凭证的,在双方存在情人关系等特殊身份关系时,一方依据银行转账凭证主张借贷关系,而对方否认双方存在借款合意,并主张转款系基于双方特殊个人关系产生的其他法律关系的,根据《民事诉讼法》第64条第1款关于"谁主张,谁举证"的规定,由主张借款关系的一方对其与对方之间存在借款合意以及其实际给付借款的事实承担举证证明责任。

2.本案中,高强虽然对3万余元提供了转账记录,但是一方面无法提供借条、聊天记录或备注等其他证据,不能证明该笔款项为借款;另一方面,高强和李梅是恋人关系,恋人之间互相赠与财物、共同消费属正常现象,结合两人消费水平及同居事实,一年多的同居期间,花费3万余元没有超出合理范畴。所以法院无法支持其请求。

实务指导

➤ 恋爱期间什么样的转账可以被认定为"借"?

法律对恋人借贷关系的认定与普通借贷关系基本相同,主要从两个方面进行审查:一是双方是否具有借贷的合意,主要表现为借条;二是借款是否实际支付。也就是说,转账记录只是证明款项是否实际支付的依据,要想证明恋爱期间的转账是借款,还需要提供借条、证明借款意思的聊天记录或相关备注等证据。需要注意的是,如果是以共同生活或者结婚为目的的赠与,双方分手后,接受方应该返还(如彩礼)。

➤ 恋爱期间什么样的转账可以被认定为"赠"?

恋人之间的红包、转账具有特殊性,从司法实践来看,被认定为赠与的可能性很大,尤其是200元以下的红包,一般会被认为是用来表达爱意的。另外,在情人节、七夕、"5·20"、恋人生日

等特殊日期的转账，特别是数额谐音与恋人示爱语言高度一致的
"520""1314""999"等金额，除非有证据证明是借款，否则通常会
被认定为赠与。

> **怎样避免在恋爱期间遭受财产损失？**

恋爱是美好的，恋爱期间相互转账也是在所难免的，男女双方
本该坦诚相待，不该有防范之心，但为了避免产生经济纠纷，建议
大家在转账时保留书面证据、聊天记录或相关备注。一是大额转账
最好保留借条、收据；二是注意在聊天记录中表明转账的借款性质；
三是巧用红包、转账附言功能，备注好"借款""这是借你的钱"等
类似文字；四是尽量转 1000 元、10000 元等整数金额，避开 1314
元、520 元等具有特殊意义的金额；五是支付彩礼等款项，注意保
留双方协商过程中的相关证据。

《民事诉讼法》第 64 条

《民法典》第 668 条

最高人民法院《关于审理民间借贷案件适用法律若干问题的规定》
第 16 条

5 替男友担任公司法定代表人，有哪些风险？

李梅经人介绍认识了正在创业的高强，高强的意气风发和上进
心深深吸引住了李梅，两人很快坠入爱河。恋爱期间，高强以方便
经营为由，与李梅商量想让其当"老板娘"。出于对男友的关心，以
及对于企业的好奇心，李梅没有多犹豫就答应了，并很快就和高
强去市场监督管理部门办理了变更登记，正式成为公司的法定代
表人。

正当李梅对自己的"新身份"还饶有新鲜感时，却接到了法院的电话，要求其到庭谈话。原来，男友的公司资金链断裂，陷入了劳务纠纷，已经被十几个人申请了强制执行，而公司名下早已没有可供执行的资产，自己的新身份并不是"女老板"，而是拖欠薪资100多万元的"老赖"！

李梅渐渐意识到了事情的严重性，她急忙给男友和公司的其他股东打电话，却始终拿不出解决方案。李梅告诉法官，自己是受托帮忙担任法定代表人，并不知晓该公司的经营活动，虽然知道有拖欠工资的情况，但不知道不履行判决义务自己还将承担相应责任。尽管如此，最终法院还是判决李梅作为本案被执行人的法定代表人，因拒不履行已发生法律效力的判决、裁定，处以司法拘留15日的处罚。

替男友担任法定代表人的风险是什么？

法律分析

1.法定代表人是指依法律或法人章程规定代表法人行使职权的负责人。法定代表人对外代表公司，其所作出的行为直接作用和约束于公司本身。公司签署重要合同、发行债券等都必须由法定代表人签名、公司盖章。

2.挂名担任法定代表人，有以下风险：

（1）可能陷入公司债务。依据《民法典》有关规定，法定代表人因执行职务造成他人损害的，由公司承担责任；但若法定代表人有过错，公司可向法定代表人追偿。

（2）收益与风险失衡。担任挂名法定代表人，无法实际控制公司业务，却要承担相应的风险和后果，这就等同于将自身的安全和命运交由他人手中。

（3）可能背锅成为"老赖"。首先，若公司陷入债务纠纷而被强制执行，法定代表人往往会被列入社会失信名单，生活中的方方面面都将会受到限制，如禁止度假、旅游，在星级以上宾馆、酒店等场所进行高消费等。其次，若拒不履行人民法院已经发生法律效力的判决、裁定，作为该公司的法定代表人，无论挂名与否，都有可能视情节轻重被予以罚款、拘留，甚至被追究刑事责任。最后，如果公司构成单位犯罪，公司法定代表人往往是单位的主管人员和直接责任人，将会被直接追究刑事责任。

实务指导

➤ **担任"冒名法人"，是不是只要主张自己不知情就可以逃避法律责任呢？**

担任法定代表人，不管只是挂名也好，还是成为公司的实际负责人也好，都属于公司内部事宜，一般不为外人所知。只要已经在市场监督管理机构进行了变更登记，在对外关系中，即作为公司的法定代表人代表公司，并承担相应法律责任，至于本人是否参与了公司经营，在所不问。因此，担任挂名的法定代表人，并不是单方面主张自己只是挂名就可以推脱责任。

➤ **不参与公司的经营，可以担任法定代表人吗？**

（1）公司股东在并不真正参与公司运营的情况下，建议不担任公司法定代表人。

（2）担任公司法定代表人但是不参与公司实际经营的，建议法定代表人采取与公司相对隔离的措施，能够确认是挂名法定代表人。

（3）被要求担任公司法定代表人，但不参与公司经营，建议与公司大股东、实际控制人签订书面协议，明确责权利。

（4）如果确需参与某些会议，监督某些情况，应保证自己参与的事务经过了正规程序。正规程序是合规的保证，以此可以最大限度地避免个人责任。

《民法典》第 62 条

《公司法》第 20 条

与男友同居多年，分手后能够要求财产补偿和"青春损失费"吗？

高强在杭州从事服装批发工作多年，经他人介绍认识同乡李梅并确立恋爱关系。同居期间，高强自己拿出 50 余万元首付款买下杭州一套价值 200 多万元的房屋，并出资装修、独自还贷。

一年后，两人在老家摆了喜酒，但一直未登记结婚。后两人因矛盾分手，李梅提出需赔偿她"青春损失费"，高强表示也算是"夫妻"一场，可以补偿几万元，但李梅不满意，坚持要 20 万元，并起诉至法院，以两人同居期间高强买的房子属于共同财产为由，要求折价补偿她 103 万元。

庭审中，李梅认为，两人以夫妻名义同居，她还参与高强店里的打包、送货等经营活动，房屋装修、按揭还款等都来自店里的经营收益，应为两人共同所有。高强表示，认识李梅前他就与朋友合伙做服装批发工作，李梅来杭州后没有稳定工作，便让她来店里打包并付工资，并不存在"共同经营"行为。

李梅的请求能够得到法院的支持吗？

法律分析

1. 同居，通俗地说就是两个相爱的人未经婚姻登记的法定程序，暂时共同居住在一起，这种同居关系并不会得到法律的保障，双方都有权随时解除同居关系。

同居关系中，各自出资且登记在各自名下的财产归各自所有。同居期间所得的工资、奖金和生产、经营的收益以及因继承、赠与等途径所得的合法收入，原则上归其本人所有；如果双方在同居期间有共同购置的财产或有共同经营所得的收入，应当按照双方的出资份额、所作贡献等公平合理地予以分割。

2.本案中，李梅和高强虽未登记结婚，但以夫妻名义长期生活在一起，共同生活工作，应认定双方系同居关系。

高强以个人财产购买房屋，并独自装修、还贷，该房屋属于其个人财产，李梅无权主张折价补偿。此外，如果李梅无证据证明双方确有不分彼此"共同经营"的事实，则经营收入为高强个人财产。

高强若出于往昔感情，自愿支付给李梅一定金额的"青春损失费"，只要没有违背法律的强制性规定以及损害他人的利益，基于意思自治的原则，李梅是能拿到这笔所谓的"青春损失费"的。但如果高强不愿意支付，法律亦不能强制要求。

实务指导

➤ **在同居期间，应当如何保障自身的财产权益？**

（1）同居财产分割纠纷往往源于财产的混同。因此，在一些重要财产上，要保存好相关证据，以证明有独立能力支付该费用，并注意尽量不要将付款账户与另一方混同。

（2）同居关系当事人也可以通过契约方式明确双方之间的财产关系，安排好相互扶养、子女抚养等事宜。例如，约定双方各自的财产分别所有，或者约定一方或双方的部分财产为共同所有等。

（3）彩礼的财产属性比较特殊，在同居期间因感情不和分手，给付彩礼的同居一方可以要求对方退还彩礼。

法律索引

《民法典》第 1054 条

7 分手后，女方应返还通过"亲密付"消费的钱款吗？

李梅和高强一见钟情，确定恋爱关系后，高强为李梅开通了微信的亲属卡及支付宝的亲情卡业务。恋爱期间，李梅用亲情卡和亲属卡累计付款 5 万余元。

因工作的需要，高强被单位派往外地，高强希望李梅辞职和自己一起去但遭到李梅的拒绝，二人为此发生激烈的争吵。深思熟虑后，李梅提出和高强分手，高强表示同意，但要求李梅退还 5 万余元代付款，遭到李梅的拒绝。

恋爱期间的"亲密付"究竟算借贷还是赠与？能否要求返还？

法律分析

1.法律上一般认为"亲密付"是赠与而非借贷。因为在开通"亲密付"等服务的过程中，会有"赠与""赠送"的提示。在当事人没有特别约定的情况下，即默认为他人开通账户的一方明知该行为为赠与。

根据《民法典》的规定，赠与合同履行后，只有在特定情形下才能够撤销：（1）严重侵害赠与人或者赠与人近亲属的合法权益；（2）对赠与人有扶养义务而不履行；（3）不履行赠与合同约定的义务。

2.本案中，开通"亲密付"是高强的主动行为，不存在欺诈、胁迫等违背真实意愿的情形，此外，也不存在法定撤销事由，因此高强是无法主张李梅返还的。

实务指导

➤ 在为伴侣或者亲人设置"亲密付"时，有哪些注意事项？

1. "亲密付"是有每月额度限制的，一般从 100 元到 20000 元不等。在设置时，应根据自身财务情况和亲密程度来设置额度限制。

2. "亲密付"虽然默认是赠与性质，但若有证据证明双方另有约定，则可以通过主张借贷关系或者有条件的赠与来主张返还。因此，在使用"亲密付"等功能购买贵重物品时，最好事先与对方商量，取得对方的许可和同意，防止纠纷。

3. 在分手后，开通者应当及时解绑"亲密付"等功能，或者及时通知对方。若对方在分手后继续使用"亲密付"付款，开通者可以主张不当得利，要求其返还。

法律索引 《民法典》第 158 条、第 657 条、第 658 条、第 663 条、第 985 条

订婚后男方反悔，女方收受的彩礼需要返还吗？

2018 年 10 月，同为"90 后"的高强与李梅，在亲友的撮合下，互相认识并开始谈婚论嫁。2018 年 11 月，高强与李梅订下了一纸婚约：高强作为男方，向李梅支付礼金 296900 元、黄金首饰 6 两及办酒席相关款项 20000 元。高强按照婚约的约定支付了"彩礼"后与李梅按照风俗订婚，并举行订婚仪式。在此过程中，高强又先后支付李梅和她的亲属见面礼等红包 50000 余元。

办完订婚仪式后，高强与李梅在外共同生活。一段时间后，双方因为生活习惯、性格脾气各异及其他琐事，经常争吵，导致感情

不和。这期间，李梅多次要求高强一起去民政局办理结婚登记，高强拒绝了还提出分手。无奈之下，李梅只好同意分手，但高强要求李梅返还彩礼和各类婚庆支出以及黄金首饰等物件。

高强提出分手，李梅应该返还彩礼吗？

法律分析

1.彩礼一般是指以结婚为目的，按照当地风俗习惯，一方或其家庭成员给付另一方或其家庭成员的礼金及贵重物品。

当事人请求返还按照习俗给付的彩礼的，如果查明属于以下情形，人民法院应当予以支持：

（1）双方未办理结婚登记手续的；

（2）双方办理结婚登记手续但确未共同生活的；

（3）婚前给付并导致给付人生活困难的。

适用前款第（2）、（3）项的规定，应当以双方离婚为条件。

2.本案中，高强和李梅未办理结婚登记手续，高强要求返还彩礼款项并无不当。但是返还彩礼的具体数额，应结合未进行结婚登记的原因、双方的过错程度、有无同居生活及同居生活时间的长短、有无对女方身体造成伤害等因素，综合考量。

实务指导

➤ 彩礼返还需要哪些证据？

（1）证明男女双方当时正处于谈婚论嫁的状态。

可借由双方的短信、微信等通信工具的聊天记录，或者举行过订婚仪式、拍婚纱照等行为反映出来，表明双方有谈婚论嫁的意向。注意，谈婚论嫁和谈情说爱是有区别的，单纯的情话表白不能反映双方谈婚论嫁状态。

（2）证明给付了财产的证据。

如果是通过银行转账方式支付的礼金，就要提供银行转账明细；

若是购买房屋或者车辆可以提供自己的出资证明，因为按照日常生活经验，将大额财产登记在他人名下一般都是用来当彩礼。

（3）证明给付彩礼是当地的风俗。

当地的风俗习惯可以听取当地媒婆、村民、村委会主任等人的意见，必要时可作为证人出庭作证。

➤ **返还彩礼的标准是什么？**

彩礼满足返还条件，并不代表一定要 100% 返还。人民法院一般根据双方共同生活的时间长短、是否有子女、财产的用途、双方的经济状况、赠与的金额、哪一方提议解除，确定返还金额婚约等，酌情决定返还比例，一般在 60%—90% 之间，接受礼物解除婚约的一方返还率会高于支付一方的返还率礼物比例。

《民法典》第 657 条、第 661 条、第 663 条

最高人民法院《关于适用〈中华人民共和国民法典〉婚姻家庭编的解释（一）》第 5 条

结婚时收取的礼金归谁所有？

高强与李梅领证后举办婚宴，由高强父母出资并负责操办。高强父母设立了婚宴签到台，并安排工作人员为到场宾客在签到本上登记。婚宴期间，有众多受邀宾客通过签到台交付礼金，或分别直接交付新婚夫妇及双方父母礼金。婚礼结束后，宾客通过签到台交付的礼金全部由高强父母收取。

此后，该部分礼金一直由高强父母占有，经多次索要未果，直至高强与李梅离婚时，高强父母也未将相应礼金返还李梅。李梅遂起诉至法院，请求判令高强父母连带返还李梅礼金中的一半即 50

万元。

高强一方辩称，举行结婚仪式前期，曾和李梅协商并达成一致意见，结婚不收礼金，所收礼金均予以退还。而且亲友给予李梅礼金，是基于与高强父母间的人情往来，将来也是由高强父母回赠，故李梅无权要求返还礼金。

结婚时收取的礼金究竟归谁所有？

法律分析

1.礼金，又称份子钱，是指接受婚宴邀请（无论是否前去）的宾客赠与新婚夫妻及其双方父母或其他亲朋一定数额的礼钱。

馈赠婚礼礼金是具有鲜明社会特征和多重社会功能的赠与行为，当事人之间就礼金归属问题产生争议的，应当依次按照赠与人意思表示规则、当地特定风俗习惯规则、身份密切联系规则确定礼金享有者。

首先，根据受邀宾客的明确表示确定礼金享有者；其次，根据特定风俗习惯确定礼金享有者；再次，根据亲疏远近关系、礼尚往来等实际情况，即"冲谁来则赠与谁"的原则确定礼金享有者。

2.本案中，与李梅父母关系相对密切的受邀宾客交付的礼金，应归属李梅父母所有；与高强父母关系相对密切的受邀宾客所交付的礼金，应归高强父母二人所有；与高强、李梅关系相对密切的受邀宾客交付的礼金，属于婚姻存续期间的夫妻共同财产。在离婚析产时，李梅有权主张返还属于夫妻共同财产部分礼金50%的份额。高强父母缺乏占有夫妻共同财产的合法依据，属于不当得利，应当承担连带返还责任。

实务指导

➤ 在收礼金问题上，夫妻间可以怎么商量？

（1）新婚夫妻及其父母对婚礼上收受的礼金进行明确约定十分

必要。约定内容可包括：置办婚宴费用是否在收受的礼金中扣除，收受的礼金归谁所有，将来的回赠还礼由谁负担等。

（2）在收取礼金时，可以详细记载赠与人的数额及社会关系，在赠与人有特别说明时，备注其特定赠与对象，清晰的账目可以有效避免后续纠纷。

（3）明确来宾的意见和意图。一般而言，如果来宾无明确的赠与对象，应当认定是对新婚夫妻的共同赠与，并作为新婚夫妻的共同财产对待，离婚时一方有权请求分割。如果亲朋好友赠与礼金时，特别表明其礼金是给男方或女方或其父母等家庭成员的，则应尊重来宾的真实意思表示，将这部分礼金认定为属于特定一方的个人财产。

> **法律索引**
>
> 《民法典》第 10 条、第 1062 条、第 1063 条

10 丈夫给第三者的分手费，妻子有权要求返还吗？

高强和李梅是结婚多年的夫妻，为了支持丈夫的工作，李梅自愿在家里做全职主妇，照料老人和孩子。一天，李梅在给丈夫收拾手提包的时候发现有计生用品，在李梅和婆婆的追问下，高强承认了出轨的事实，并表示一定要和第三者周某断绝关系。

几天后，高强表示事情已经了结，他通过微信转账 2 万元，用以了断他和周某之间的不正当关系。

李梅认为，高强和周某之间的关系本身就是不道德行为，高强转给周某的 2 万元是自己和高强的夫妻共同财产，高强无权个人决定处分，周某也无权接受。周某所收款项是不当得利，应当返还给

李梅。周某则认为，这是高强自愿给自己的"分手费"，李梅应该找高强算账。

丈夫给第三者2万元分手费，妻子有权要求返还吗？

法律分析

1.有配偶者擅自将夫妻共同财产赠与婚外同居者，显然超出了日常生活需要的范围，侵犯了另一方的财产权利，该赠与行为无效，且赠与行为全部无效，而非部分无效，夫妻中的另一方有权以侵犯共有财产权为由请求婚外同居者予以返还。

（1）根据《民法典》的规定："禁止有配偶者与他人同居。"有配偶者与他人同居是法律禁止的行为，这种同居关系属于违法关系。

（2）夫妻共同财产是基于法律的规定，因夫妻关系的存在而产生的。在夫妻双方未选择其他财产制的情形下，夫妻对共同财产形成共同共有，而非按份共有。

根据共同共有的一般原理，在婚姻关系存续期间，夫妻共同财产应作为一个不可分割的整体，夫妻对全部共同财产不分份额地共同享有所有权，夫妻双方无法对共同财产划分个人份额，在没有重大理由时也无权于共有期间请求分割共同财产。

夫妻对共同财产享有平等的处理权，并不意味着夫妻各自对共同财产享有一半的处分权。只有在共同共有关系终止时，才可对共同财产进行分割，确定各自份额。

（3）超出日常生活需要对夫妻共同财产进行处分，双方应当协商一致，夫妻一方单独将大额夫妻共同财产赠与他人，属于无权处分行为。

根据《民法典》的规定："无处分权人将不动产或者动产转让给受让人的，所有权人有权追回。"

当财产被他人无合法依据占有时，所有权人有权根据物权的追及效力要求非法占有人返还财产，夫妻中的受害方可以行使物上请求权，以配偶和婚外同居者为共同被告，请求判令其返还财产。

2.本案中，周某在明知高强有配偶的情况下，仍以恋人关系与高强持续交往，其行为违背了公序良俗，损害了社会公德。高强在其与李梅婚姻存续期间，单方赠与周某财产，其所赠财产系夫妻共同财产，该单方赠与的行为侵害了李梅的合法权益，属于无效民事行为。李梅有权要求周某返还高强赠与的财产。

实务指导

➤ 配偶一方未经另一方同意处分夫妻共同财产，另一方都可以主张无效吗？

无处分权人将不动产或者动产转让给受让人的，所有权人有权追回；除法律另有规定外，符合下列情形的，受让人取得该不动产或者动产的所有权：

（1）受让人受让该不动产或者动产时是善意；

（2）以合理的价格转让；

（3）转让的不动产或者动产依照法律规定应当登记的已经登记，不需要登记的已经交付给受让人。

➤ 夫妻一方可以查询另一方的不动产吗？

《民法典》规定，权利人、利害关系人可以申请查询、复制不动产登记资料，登记机构应当提供。夫妻一方对于双方于婚姻期间所取得的不动产，自然是权利人或者利害关系人，因此可以携带相关证明向不动产登记机构查询另一方名下的不动产。

➤ 如果赠与人给受赠人钱款让其购房、购车等且登记在受赠人名下，赠与行为被确认无效后，受赠人应返还钱款还是房、车？

如果赠与人给受赠人钱款让其购房、购车等且登记在受赠人名下，赠与行为被确认无效后，受赠人应返还相应的钱款；如果赠与人是把原来登记在自己名下的房屋、车辆等变更登记为受赠人，受赠人应返还原房屋或车辆等。

《民法典》第 218 条、第 1043 条、第 1062 条、第 1065 条

《妇女权益保障法》第 67 条

《储蓄管理条例》第 32 条

《个人存款账户实名制规定》第 8 条

丈夫打赏女主播，妻子可以要求返还吗？

李梅与高强系夫妻关系，两人结婚十年有余，感情虽不如婚初甜蜜，但也一直和和睦睦。但最近李梅发现高强总是抱着手机看直播，看着乐乐呵呵的，谈话却总是心不在焉，做家务也显得不情不愿。偶然的一天，李梅发现了自己的老公近两年一直在给一位女主播打赏，数额达几十万元，且二人还有暧昧的聊天记录。

根据直播平台向法庭提交的相关后台记录显示，高强使用其 ID 账号在该直播平台观看徐某的直播并打赏了 1 万多次，通过各种渠道充值总计 25 万余元人民币。

后又查明，高强与该主播于线下见面，并以情人身份相处了一段时间。相处期间高强为该主播转账、消费、购置家具等，数额共计 5 万余元。

惊诧之下，李梅向法院起诉，主张高强未经其同意将上述夫妻共同财产赠与平台主播的赠与合同无效，要求该主播和直播平台返还上述财产共 30 万余元。

丈夫沉迷打赏女主播，妻子可以要求返还吗？

法律分析

1. 打赏是消费行为，不是赠与。从打赏的过程来看，一方面，打赏者需要先用货币购买"礼物"，然后在直播过程中通过"刷礼物"的方式"送出"，在此过程中，主播通过"言行举止"的方式来给大家提供"服务"，从实质来看，是等价交换行为，只不过这个价取决于打赏者的个人意愿。

另一方面，打赏是娱乐消费，属于日常家事的范畴。按照《民法典》的规定，夫妻一方有日常家事代理权，即使打赏的钱属于夫妻共同财产，但从交易的便捷和保障第三人的期待利益角度出发，赋予善意第三人以保障，换言之，不管打赏是否经过夫妻双方的同意，不影响打赏的效果，夫妻一方不能以未经其同意为由主张打赏无效。

2. 本案中，高强作为完全民事行为能力人，在网络平台进行充值，再对其欣赏的主播进行打赏，主播在收到打赏后进行即兴表演或者按照打赏人的要求进行临时表演，打赏人收获了平台直播的表演内容以及精神上的愉悦，具有一定的对价性，实际上成立的是网络服务消费合同。只要该直播内容不违反法律法规或者公序良俗，法律就不予禁止。因此，该主播不需要返还受打赏所获得的财产利益。

实务指导

➤ 如何认定一方在婚姻关系存续期间的消费行为属于正常还是挥霍？

可采用如下判断标准：

（1）数额标准。该标准并非一个具体的数额，而是需要以日常生活经验为根据，将消费数额与当事人家庭的经济状况进行比较。如果该数额足以对家庭的经济状况造成较大影响，则符合挥霍的特点。

（2）时间标准。当事人的消费是否在短时间内完成的。如果是在短时间内消费了大额夫妻共同财产的话，也是符合挥霍的特点的。

（3）该消费是否为生活所必须。关于这个标准通常要结合当事人的家庭经济状况来综合判断。

（4）配偶的意见。这一点其实是很重要的。消费行为完全符合上述三个标准，但是如果配偶同意，甚至支持如此消费的话，则也不宜认定为法律所规定的挥霍行为。

➤ **如果夫妻一方有挥霍财产的行为，会有哪些法律后果？**

（1）可以主张婚内析产。根据《民法典》的规定，夫妻一方有挥霍夫妻共同财产损害夫妻共同财产利益行为的，另一方可以请求法院分割共同财产。

（2）在离婚析产时可以主张多分财产。若一方被认定为挥霍夫妻共同财产，根据《民法典》第1092条的规定，在离婚时，对该方可以少分或者不分。

➤ **什么情况下的打赏可以要求返还呢？**

主要有三种情况：

（1）主播本身的行为违法，或者违反社会公德、公序良俗，基于此而获利应予以收缴；

（2）打赏并非打赏者本人的自愿，是被欺诈、胁迫或者其他非本意而打赏，打赏者可以主张打赏无效或者撤销该行为；

（3）打赏者与主播恶意串通，损害第三人的利益，该打赏行为无效。

法律索引 《民法典》第153条、第657条、第1066条、第1092条

12 婚前为女方购买的钻戒，离婚时需要返还吗？

李梅和高强经人介绍认识，考虑到双方都已年届 30 岁便匆匆领了结婚证。婚后第二天就因为小事发生争执，此后吵闹变成了家常便饭，甚至双方大打出手。李梅不堪忍受，于是向法院提起离婚诉讼。

高强声称，如若法院判定二人离婚，李梅应将结婚时的戒指、项链归还给他，因为戒指、项链是高强父母购买，只是交由李梅保管，并非赠与，且双方结婚未满一年，李梅应当将首饰交还。

当时结婚时高强亲手为自己戴上的戒指和首饰，现在却说只是交给自己保管，李梅觉得不可思议，向法院主张戒指和项链为高强一家赠与自己的个人财产，应当由自己处置。

男方婚前为女方购买的钻戒，离婚时需要返还吗？

法律分析

1. 根据《民法典》的规定，下列财产为夫妻一方的个人财产：（1）一方的婚前财产；（2）一方因受到人身损害获得的赔偿或者补偿；（3）遗嘱或者赠与合同中确定只归一方的财产；（4）一方专用的生活用品；（5）其他应当归一方的财产。

赠与合同是赠与人将自己的财产无偿给予受赠人，受赠人表示接受赠与的合同。赠与合同作为民事法律行为，同样存在着附条件的赠与，是指双方当事人对赠与行为设立一定的条件，把条件的成就与否作为赠与行为效力发生或消灭的前提。

2.本案中，结婚前男方为女方购买的婚戒在性质上属于以结婚为条件的赠与，结婚时赠与所附条件已经达成，离婚并不影响赠与目的的实现。女方在婚前受赠并占有婚戒，结合法律规定和婚姻习俗，婚戒应视为女方的个人财产，男方无权要求返还。

实务指导

➤ 离婚时应如何主张自己的生活用品为个人财产？

所谓归一方专用的生活用品，是指夫妻在日常生活中一方特别需要而购买的生活用品或另一方在日常生活中不方便或者不适宜使用的生活用品，具体而言，大致包含以下内容：

（1）仅限于生活的用品，指夫妻日常生活中所需的物品，一般不包括不动产、存款、无形财产，因职业需要而购置的手提电脑、交通工具等也不包括。

（2）财产价值不大，不属于贵重财产的日常生活用品，如鞋、帽、衣服及有些价值不大的图书、手机、专用的佩物、饰件等。

（3）仅限于享有所有权的一方专用的物品，即夫妻一方特有的财产。

（4）仅限于该生活用品由一方的单独利益使用的，如化妆品，但由一方使用，而为家庭生活共用服务的除外，如因妻子单独使用的洗衣机、吸尘器等不能列入一方专用的生活用品。

（5）由夫妻双方约定的、归一方专用的生活用品。

确定哪些物品是归夫妻一方专用的物品，应视其财产价值和使用方的受益情况，不能只看该物品归谁使用。

《民法典》第 1062 条、第 1063 条

13 结婚后，妻子可以要求在房产证上加自己的名字吗？

李梅与高强登记结婚后，双方使用夫妻共同财产购买了一套房屋。婚姻期间，李梅向法院提起物权确认纠纷诉讼。

李梅诉称，其系农村妇女，文化程度不高，由于当地风俗习惯，加之高强性格较为强势，产权凭证只登记了高强一人的名字，但现在自己已经意识到了不动产登记的重要性，故请求法院判令：确认该房屋属于夫妻共同财产，并要求高强协助其办理上述房屋的产权增名手续。

高强则认为，要确认该房产属于夫妻共同财产，并无异议，但没有必要在不动产权证上添加李梅的名字。

李梅可以要求在房产证上加上自己的名字吗？

法律分析

1.《妇女权益保障法》规定："妇女对夫妻共同财产享有与其配偶平等的占有、使用、收益和处分的权利，不受双方收入状况等情形的影响。对夫妻共同所有的不动产以及可以联名登记的动产，女方有权要求在权属证书上记载其姓名；认为记载的权利人、标的物、权利比例等事项有错误的，有权依法申请更正登记或者异议登记，有关机构应当按照其申请依法办理相应登记手续。"

2.李梅为房屋的共同所有人，有权要求高强协助其变更不动产登记，把她的名字加上去。

实务指导

➤ 夫妻在办理房产证增名手续时，应当注意什么？

夫妻之间办理增名手续，一般只需要带好结婚证、身份证、不动产权证书及其复印件，到当地房地产交易中心办理，缴纳少量工本费即可。若该房屋尚有贷款未还清，则还需要先去银行办理抵押手续的变更，再到房地产交易中心办理增名手续。成为房产共有人不仅仅是享有该房产之上的权利，该房产之上所负之债务也应当一并承担。

➤ **哪些情况下，妻子可以主张在房产证上加上自己的名字？**

（1）夫妻双方于婚后使用夫妻共同财产购买房屋，但因种种原因仅登记在了丈夫名下。

（2）虽然并没有用夫妻共同财产购买房屋，但是夫妻双方约定一方的房产由双方共同拥有。《民法典》婚姻家庭编规定，夫妻间可以约定婚姻关系存续期间所得的财产以及婚前财产归各自所有、共同所有或者部分各自所有、部分共同所有。

（3）结婚后，一方父母为子女出全款买房，房屋登记在对方名下的，除非能够证明出资方父母明确表示向其子女配偶单方赠与，否则视为对双方的赠与。

（4）结婚后，一方父母为子女部分出资（首付款）买房，双方共同还贷，房屋登记在出资方子女名下的，房屋应认定为夫妻共同财产，父母出资部分视为对双方的赠与，但父母明确表示赠与一方的除外。此时，妻子也可以主张在房产证上加上自己的名字。

《民法典》第 1062 条、第 1065 条

最高人民法院《关于适用〈中华人民共和国民法典〉婚姻家庭编的解释（一）》第 78 条、第 79 条

《妇女权益保障法》第 66 条

14 丈夫借钱给父亲看病，妻子要共同还债吗？

高强在与妻子李梅结婚后，想把独居的父亲接到身边一起生活，但遭到了妻子李梅的拒绝。年初，高强的父亲生病住院需要用钱，但李梅找各种借口拖延，无奈之下，高强只能找到同学凑钱应急，前前后后一共向同学借款 15 万元。

李梅认为，高强给自己的父亲看病与她无关，而且钱是高强个人借的，如果要还的话也是高强自己去还。

丈夫借钱给父亲看病，妻子要共同还债吗？

法律分析

1. 根据《民法典》的规定，夫妻双方共同签名或者夫妻一方事后追认等共同意思表示所负的债务，以及夫妻一方在婚姻关系存续期间以个人名义为家庭日常生活需要所负的债务，属于夫妻共同债务。

"家庭日常生活需要"是指夫妻双方及其共同生活的未成年子女在日常生活中的必要开支，包括正常的衣食住行消费、日用品购买、医疗保健、子女教育、老人赡养，以及正当的娱乐、文化消费等。在日常家事范围内，夫妻双方基于特殊的身份关系对外形成相互代理权，无论夫妻任何一方以个人或以双方名义处分共同财产，另一方均不得以该处分行为未经其同意为由而主张无效。

2. 本案中，虽然借条由高强一个人出具，但借款用于其父亲看病花费。高强作为家中独子，有赡养父母的义务，高强为父亲看病而向同学所借的 15 万元，并未超出家庭日常生活所需，应当认定为夫妻共同债务，由高强与李梅共同承担。

实务指导

➤ **哪些情形可认定为债务用于"夫妻共同生活"?**

一是购买住房和车辆、装修、休闲旅行、投资等金额较大的支出;

二是夫妻一方因参加教育培训、接受重大医疗服务所支付的费用;

三是夫妻一方为抚养未成年子女所支付的出国、私立教育、医疗、资助子女结婚等,以及为履行赡养义务所支付的费用。

用于夫妻一方且与夫妻共同生活明显无关的不合理开支,均不具有家庭使用属性,应界定为个人债务。例如无偿担保,夫妻一方为前婚所生子女购买房产、车辆,挥霍消费(如购买与自身消费能力极不匹配的奢侈品、负债打赏网络主播等),违反婚姻忠诚义务(如包养情人、抚养私生子等),危害家庭利益等行为所产生的债务,均不应认定为夫妻共同债务。

➤ **哪些债务属于夫妻的个人债务?**

个人债务是指夫妻一方为满足个人需要所借的债务,根据我国法律的相关规定,个人债务包括:

(1)男女各自婚前所负的债务。

(2)双方约定由个人负担的债务,但以逃债为目的的除外。

(3)一方未经对方同意,擅自资助与其没有扶养义务的亲属、朋友所负的债务。

(4)一方未经对方同意,独自筹资从事经营活动,其收入确未用于共同生活所负的债务。此种债务应由个人承担。

(5)其他应由个人承担的债务。如一方瞒着对方借钱参加高消费的文化、娱乐活动,或为个人购置贵重生活用品等。

(6)一方从事赌博、吸毒等违法犯罪活动所负的债务。

《民法典》第 1064 条

五、婚姻家庭权益篇

　　婚姻家庭权益是指具有特定亲属关系的夫妻双方和其他家庭成员依法享有的人身权利、财产权利以及由此产生的其他合法权益。《民法典》通过设置婚姻家庭编，明确夫妻之间的权利义务关系，保障家庭成员的婚姻家庭权益。

　　尽管婚姻家庭权益不分性别地为夫妻双方平等享有，但出于维护处于弱势的女性权益需要，《民法典》和《妇女权益保障法》等法律法规对妇女的婚姻家庭权益作出倾斜性保护，包括：明确与男方享有平等的法律地位；妇女的婚姻自主权；离婚自由；特殊时期男方的离婚限制权；禁止对妇女实施家庭暴力；妇女对夫妻共同财产享有与其配偶平等的占有、使用、收益和处分的权利；照顾女方抚养子女的需求等。

1 受父母胁迫的婚姻可以撤销吗？

李梅今年 30 岁，名牌大学博士毕业，事业有成，品貌俱佳，周围的人都羡慕不已，纷纷表示李梅的父母真有福气。可老两口却有苦说不出，李梅虽然在事业上风生水起，但感情一直都不顺利，如今都 30 岁了还没有男朋友，眼看着马上就要变成大龄剩女，老两口为此焦灼不已。

为了早日让女儿找到另一半，老两口在熟识的年轻一辈中精挑细选出一个各方面都与李梅相配的人，介绍给李梅认识。可李梅不是推脱工作忙，就是说不喜欢，怎么都不愿意跟对方相处。这让老两口犯了难，心一横，跟李梅说："你见不见人家？不见我们就死给你看！"迫于无奈，李梅只得跟对方见面。

之后，老两口频频使用这招，逼迫李梅跟对方约会、吃饭、交往。后来老两口认为两个人相处得不错，要求两人结婚。李梅不同意，老两口便故技重施，站上了楼顶，逼迫李梅："你结婚不结婚？信不信我死给你看！"被好言劝下来的老两口没收了李梅的手机，将其关在家里，自己跟对方商量结婚事宜，美其名曰李梅只需要等着当新娘子。

李梅就这样跟对方结婚了，本想着婚后培养和对方的感情，但孰料两人根本谈不到一起，结婚后两人不断产生矛盾，本就是迫于父母威胁才结婚的李梅萌生了"反悔"的想法。

李梅把自己的想法告诉了大学的舍友，其中一个舍友告诉李梅，她是受到父母威逼才选择结婚，应该属于可撤销婚姻；也有舍友说要去法院起诉离婚。

受父母胁迫结婚属于可撤销婚姻吗？

法律分析

1.可撤销婚姻，是指当事人因意思表示不真实而成立的婚姻，或者当事人成立的婚姻在结婚的要件上有欠缺，法律赋予一定的当事人以撤销婚姻的请求权，使已经发生法律效力的婚姻关系失去法律效力。

在我国，可撤销婚姻的情形有两种类型：其一是受胁迫结婚；其二是隐瞒重大疾病结婚。所谓胁迫，是指行为人以给另一方当事人或者其近亲属的生命、身体、健康、名誉、财产等方面造成损害为要挟，迫使另一方当事人违背真实意愿结婚。

2.本案中，李梅的父母以自杀相威胁不属于《民法典》所确认的"胁迫"情形。

第一，撤销婚姻是对受到胁迫方的救济，既然没有以该方利益造成损害为要挟，只是对行为人自己造成损害为要挟，不符合救济的条件。

第二，李梅是博士，也是成年人，应该自己能正确判断父母所表达的意思到底是劝说还是胁迫。

第三，李梅父母自己寻死觅活导致女儿违心同意结婚，但作为另一方当事人的男方只能通过其外部的意思表示来判断你愿意和我结婚，如果赋予此种情况可以请求撤销，会导致当事人滥用权利，更不利于对另一方权利的维护。

实务指导

➤ **婚姻撤销申请可以向婚姻登记机关提出吗？**

《民法典》实施后婚姻登记机关不再受理婚姻撤销申请，当事人只能向人民法院提出。

➤ **起诉撤销婚姻的案件适用什么程序？**

受胁迫方当事人可向人民法院提起撤销婚姻的诉讼，人民法院审理婚姻当事人因受胁迫而请求撤销婚姻的案件，应当适用简易程序或普通程序。

➤ **起诉撤销婚姻的案件可以调解吗？**

请求撤销婚姻的诉讼，一律应当以判决方式结案，而不应以调解方式结案。因为确定婚姻效力，只能依据客观事实依法认定，不能依当事人意愿而定。人民法院在判决撤销婚姻时，应对所涉及的子女和财产问题一并处理，对子女和财产问题的处理，既可采用调解方式，也可采用判决方式。

➤ **对于撤销婚姻的一审判决可以上诉吗？**

对于撤销婚姻的一审判决，当事人不服的，可向上一级人民法院上诉。人民法院依法判决撤销婚姻的，应当收缴双方的结婚证书并将生效的判决书寄送当地婚姻登记管理机关。

➤ **怎么证明自己是被胁迫结婚的？**

一方受胁迫与另一方登记结婚后，可以通过提交如下的证据来撤销婚姻关系：

（1）身份证据包括：当事人的身份证或者其他身份证明；结婚证或者其他能够证明婚姻关系成立的证据。

（2）时间证据是指，受胁迫的一方撤销婚姻的请求，应当自胁迫行为终止之日起一年内提出。被非法限制人身自由的当事人请求撤销婚姻的，应当自恢复人身自由之日起一年内提出。

（3）双方当事人必须围绕是否存在受胁迫或者没有胁迫的事实提交相应的证据。在判断中应当注意以下几点：

第一，行为人必须实施了胁迫行为，这种行为足以达到让被胁迫者产生恐惧，或直接现实地对被胁迫者进行身体上或精神上的伤害。

第二，行为人的胁迫行为具有违法性。比如男方对女方说"你不与我结婚，这块手表就不送给你"，这里，男方的言行仅仅是取消赠与的表示，并不构成非法胁迫行为；而如果男方对女方说"你不与我结婚，我就将你家的房子烧了、父母杀了"，男方的这种言行就是非法胁迫行为。

第三，行为人在主观上需要有胁迫的故意，即明知自己的行为会对受胁迫人的身体或心理造成损害，为了达到迫使受胁迫人结婚的目的，希望或放任损害后果的发生。

第四，受胁迫方因行为人的胁迫行为而不得不违背自己的意愿，按照胁迫者的要求，同意结婚。

《民法典》第 1052 条

《刑法》第 257 条

最高人民法院《关于适用〈中华人民共和国民法典〉婚姻家庭编的解释（一）》第 18 条

2　夫妻为躲债而约定"假离婚"，有效吗？

李梅、高强结婚十余年，除了一套商品房，只剩下一屁股债。眼看着债主就要找上门，高强想了一个办法，假装跟妻子李梅离婚，让李梅承担所有的债务，等债主找上门时就会发现李梅一个女人，又没有工作，根本没有财产可供还债，以此达到躲避债务的目的。

达成共识后，两人很快就去民政局办理了离婚手续。果不其然，债主听说两人离婚高强分走了所有的财产，把全部债务都推给李梅，几次上门讨债都只见到可怜兮兮看似被"抛弃"的李梅，根本没有见到高强和钱的影子，只得悻悻而去。

不久之后，李梅认为两人躲债的目的已经达到，债主不会再上门讨债，便向高强提议两人复婚。出乎意料的是，高强居然不愿意复婚。原来当初高强提出"假离婚",不仅是想躲债,更是想通过躲债跟早已厌烦的李梅顺利离婚,这才想出来用躲债来哄骗李梅离婚的损招。

得知实情的李梅气愤不已:"咱们当初就是'假离婚',这种离婚是无效的!"高强不以为然,认为两个人办理了离婚登记手续就是离婚。李梅气不过,闹到民政局,要求撤销离婚登记。而这时,债主们也联合起来向法院起诉要求高强和李梅还钱,可怜的李梅不仅丢了"芝麻"也丢了"西瓜"。

丈夫和妻子为躲债而约定"假离婚",有效吗?

法律分析

1. 根据《民法典》婚姻家庭编的相关规定,协议离婚应满足三个条件:

一是当事人具有民事行为能力;二是夫妻双方均有同意离婚的明确意思表示;三是夫妻双方就子女抚养、财产分割及债务处理等问题达成一致,形成书面离婚协议。

其中第三点,《民法典》不仅强调要有明确的书面协议,而且书面离婚协议必须载明主要内容。

因此从法律意义上讲,只要当事人在离婚时具有完全民事行为能力,自愿签订了离婚协议,并办理了离婚登记手续,无论其真实目的为何,都具有解除婚姻关系的法律效力,当事人不享有请求撤销的权利。

2. 本案中,高强和李梅作为完全民事行为能力人,选择通过行政程序解除双方婚姻关系,在婚姻登记机关作出自愿离婚的意思表示,并通过提交《离婚协议书》的方式表示就财产分割及子女抚养问题已经达成一致意见,婚姻登记机关据此为双方办理离婚登记并不存在过错。

鉴于婚姻登记之公示公信效力,虽然双方在办理离婚登记时真实意思为通谋虚假离婚，但并不因此导致离婚登记无效。因此，从民政部门对高强、李梅的离婚予以登记时起，双方之婚姻关系已然解除。

实务指导

➤ "假离婚"后可以反悔吗？

离婚登记完成取得离婚证，婚姻关系即解除，人身关系方面不存在"假离婚"，想要恢复婚姻关系需要双方重新去进行结婚登记。对于财产条款，如果双方确认离婚登记与签订离婚协议的目的并不是解除婚姻关系而是追求另一个结果，比如得到购房指标或者银行贷款的便利。这种情况可以确认以虚假的意思表示签订的财产分割条款无效。

➤ "假离婚"会受到处罚吗？

为最大限度地保障婚姻自由，尊重当事人人身自由及隐私，在行政程序上已取消对虚假离婚的处罚，婚姻登记机关也不再对虚假离婚登记行使撤销权。因此，通过婚姻登记机关办理的虚假离婚，无法获得婚姻关系上的救济，所产生的后果应由当事人承担。

➤ "假离婚"关于财产处分的约定对债权人有效吗？

离婚协议虽然对共同财产和共同债务作出分配，但是该协议只能约束离婚夫妻双方，不会对债权人产生影响。如果是共同债务，债权人仍然可以请求夫妻任何一方承担清偿责任。

司法实践中，以逃避债务的"假离婚"案件，法院均以"合法形式掩盖非法目的"为由判决该离婚协议中的财产分割约定无效。

➤ 怎样对付用"假离婚"逃避债务的"老赖"们？

"老赖""假离婚"转移财产，债权人可以行使撤销权捍卫债权。

想要行使撤销权，债权人首先要掌握对方"假离婚"的证据，譬如离婚后还一起居住，财产分割不合理、诉讼期间离婚等都涉嫌"假离婚"。其次，债权人可向法院请求确认"假离婚"的财产分割协议无效。同时，追加"老赖"配偶为第三方，一起参与债权诉讼。

《民法典》第 1089 条

最高人民法院《关于适用〈中华人民共和国民法典〉婚姻家庭编的解释（一）》第 35 条

3 男方在任何时候都可以提出离婚吗？

李梅和高强经人介绍认识，携手走入了婚姻的殿堂。结婚后两人相处甜蜜，不久李梅便传来了怀孕的喜讯。怀孕之后，受到孕激素的影响，李梅的脾气逐渐变得阴晴不定，动不动朝高强发脾气，经常使唤高强干活。

开始高强还沉浸在做父亲的喜悦中，对李梅有求必应。时间一长，高强逐渐丧失了耐心，对李梅的要求表现得十分不情愿。李梅认为高强动不动甩脸色，连孕妇都照顾不好，怎么照顾未来的新生儿，两人经常就此爆发争吵。

感情便在一次次争吵中被消磨殆尽，高强认为两个人的相处时间本就少，彼此都不了解就进入了婚姻，今后也根本无法继续生活，便向法院起诉请求判决两人离婚。

法院会支持高强的请求吗？

法律分析

1.《民法典》和《妇女权益保障法》均规定，女方在怀孕期间、分娩后一年内或者终止妊娠后六个月内，男方不得提出离婚。女方提出离婚的，或者人民法院认为确有必要受理男方离婚请求的，不在此限。

（1）"怀孕期间"，是指女方在受孕至分娩（或者终止妊娠）的一段时期，这里的受孕包括自然受孕和人工受孕，分娩包括自然分娩和剖宫产，终止妊娠包括自然终止和人工终止。

（2）"分娩"，是指胎儿脱离母体作为独自存在的个体的一段时期。只要女方有分娩的事实，无论是顺产还是剖宫产，也无论婴儿娩出时是否死亡，分娩后一年内男方均不得提出离婚。即女方产后幼儿死亡或早产，仍应适用本条规定。

（3）"终止妊娠"即结束怀孕，包括自然终止妊娠和人工终止妊娠。自然终止妊娠主要指胎儿患有严重疾病停止发育等，人工终止妊娠则指的是因意外怀孕、孕妇患有妊娠期疾病或者其他原因引起的胎儿发育异常等需要人工终止妊娠。

（4）人民法院认为"确有必要受理"的是：男方有充分证据证明女方因婚前或婚后与他人发生性行为才导致其怀孕、分娩或终止妊娠的；女方威胁男方的生命安全或严重侵害男方合法权益的；女方对男方实施家庭暴力，致使男方无法忍受的；女方对幼儿有虐待、遗弃行为的。

2.本案中，尽管高强向法院提出了离婚请求，但由于配偶李梅还在怀孕期间，本案也不是李梅提出离婚或者存在有必要受理高强离婚请求的事由，所以高强的离婚请求不会得到法院的支持。

实务指导

➤ 女方怀孕期间男方可以要求解除同居关系吗？

解除同居关系不适用本条规定。对于男女一方仅主张解除同居关系的诉讼请求，法院不予受理。

➤ 一审法院判决离婚，上诉期间女方发现怀孕的，怎么处理？

如法院未发现女方怀孕而判决离婚，宣判后女方发现怀孕而上诉的，经查明属实后，二审法院应撤销原判决，驳回原告的起诉，不必发回原审法院重新审判。

➤ 女方可以在"三个期间"提出离婚吗？

女方在上述三个期间提出离婚，往往出于某种急迫的原因，如果不及时受理女方的离婚申请，反而不利于对女性、胎儿的保护。因此，女方在这三个期间提出离婚，或者男女双方自愿离婚的，不受本法条限制。

《民法典》第 1082 条

4 面对家庭暴力，女性该如何说"不"？

李梅经人介绍，认识了高强，不久两人便进入婚姻殿堂。高强工作上进，勤快老实，平时就喜欢喝点小酒。但高强酒量不佳，酒品也不好，喝多了就发酒疯，在家里砸东西，有时还会动手打李梅。李梅力气小，每次都会被高强打得鼻青脸肿。酒醒后的高强却又换了一副面孔，向李梅疯狂道歉，表示都是酒精的错，保证自己一定不会再犯。李梅心软，每次都原谅了高强。

可是高强的承诺一次都没有兑现，李梅仍然是他喝完酒后出气的"沙包"。李梅的一再忍让助长了高强嚣张的气焰，后来甚至不分场合不分时间，拳头就往李梅身上挥去。李梅苦不堪言，打算跟高强离婚。高强不同意，指着李梅的鼻子威胁："敢离婚，老子打死你。"害怕的李梅躲到了娘家。

面对家庭暴力，李梅该怎么办？

法律分析

1.家庭暴力，是指家庭成员之间以殴打、捆绑、残害、限制人身自由以及经常性谩骂、恐吓等方式实施的身体、精神等侵害行为。

2022年7月15日，最高人民法院发布《关于办理人身安全保护令案件适用法律若干问题的规定》，进一步明确家庭暴力的认定标准，对家庭暴力行为种类作了列举式扩充，明确冻饿或者经常性侮辱、诽谤、威胁、跟踪、骚扰等均属于家庭暴力。

2.本案中，高强的行为已然构成家庭暴力，法院可以依照该过错判决二人离婚，并判决高强给予李梅相应的离婚损害赔偿。其间高强的行为如果具有相应的危险性，李梅还可以申请人身安全保护令维护自身安全。

实务指导

➤ **家庭暴力就是打人吗？**

家庭暴力并不仅仅是殴打、残害等此类身体暴力行为，还包括精神暴力和性暴力。

精神暴力具体表现为：夫妻一方对另一方经常性的威胁、恫吓、辱骂造成对方精神疾患的；以伤害相威胁、以损害家具、伤害动物、打骂孩子相恫吓造成对方精神恐惧、安全受到威胁；等等。

性暴力具体表现为：经常以暴力强行与配偶发生性行为，造成伤害后果的；酗酒后以暴力强行与配偶发生性行为，致对方不堪忍受的；以暴力方式强行对配偶实施变态性虐待的行为；等等。

➤ **未婚同居状态的暴力算不算"家暴"？**

《反家庭暴力法》附则中明确规定，家庭成员以外共同生活的人之间实施的暴力行为，参照本法规定执行，也就意味着监护、寄养和同居等关系的人之间发生的暴力也被纳入家庭暴力中，受到法律约束。

➤ **受害人可以向哪些部门求助？**

既可以向加害人或者受害人所在单位、居民委员会、村民委员会、妇女联合会等单位求助，也可以向公安机关报案或者依法向人民法院起诉。

除此之外还要求强制报告，即学校、幼儿园、医疗机构、居民委员会、村民委员会、社会工作服务机构、救助管理机构、福利机构及其工作人员在工作中发现无民事行为能力人、限制民事行为能力人遭受或者疑似遭受家庭暴力的，应当及时向公安机关报案，未按规定向公安机关报案，造成严重后果的，由上级主管部门或者本单位对直接负责的主管人员和其他直接责任人员依法给予处分。

➤ **家庭暴力的后果有哪些?**

实施家庭暴力是法定的离婚事由。因家庭暴力遭受损害的，在离婚时可以请求离婚损害赔偿，不仅有权请求物质损害赔偿，也有权请求精神损害赔偿。

应被害人请求，公安机关可以对实施家庭暴力的施暴者给予一定期限的行政拘留处罚。

实施家庭暴力构成犯罪的，应当依法追究刑事责任。家庭暴力实施者对共同生活的家庭成员经常以打骂、捆绑、冻饿、强迫超体力劳动、限制自由等方式，从肉体、精神上摧残、折磨，情节恶劣的，构成虐待罪，应处二年以下有期徒刑、拘役或者管制；如果引起被害人重伤、死亡的，处二年以上七年以下有期徒刑。以暴力或者其他方法公然贬低其他家庭成员人格，破坏其名誉，情节严重的，构成侮辱罪，应处三年以下有期徒刑、管制或剥夺政治权利。故意非法损害家庭成员身体健康的，构成"故意伤害罪"，处三年以下有期徒刑、拘役或者管制，致人重伤的，处三年以上十年以下有期徒刑，致人死亡或者以特别残忍手段致人重伤造成严重残疾的，处十年以上有期徒刑、无期徒刑或者死刑。

➤ **妻子辱骂丈夫属于家庭暴力吗?**

语言辱骂是否属于家庭暴力要视情况。如果是因为双方之间发生矛盾，另一方对一方进行语言辱骂的，这种不算家庭暴力。如果是一方没有理由，动不动就语言辱骂一方，那可以视为家庭暴力，因为这个时候，语言辱骂算是对一方的精神进行侵犯。

➤ 父母可以打子女吗？

从法律的角度而言，父母打孩子是违法行为。《反家庭暴力法》规定，未成年人的监护人应当以文明的方式进行家庭教育，依法履行监护和教育职责，不得实施家庭暴力。

《民法典》第 1042 条、第 1079 条、第 1091 条

《刑法》第 234 条、第 246 条、第 260 条

《反家庭暴力法》第 2 条、第 12 条、第 23 条

《治安管理处罚法》第 42 条

最高人民法院《关于适用〈中华人民共和国民法典〉婚姻家庭编的解释（一）》第 1 条

5 妻子生病，丈夫不闻不问，如何救济？

李梅与高强是半路夫妻，虽然吵吵闹闹感情一直不是很好，但人到中年李梅便一直对高强处处忍让，一家人的生活也在李梅的照料下井井有条。但天有不测风云，某天李梅在打扫卫生时突然觉得头晕目眩，心慌得厉害，平静下来后，李梅赶紧去医院做了个检查。

经诊断李梅不幸患有恶性肿瘤，需要长期住院治疗。但在住院期间，高强不闻不问，既不关心李梅的病情，也不去医院探望，更不用说缴纳住院费和医疗费。长期照料家庭的李梅因缺钱治疗不得不回家休养，高强避之不及，搬出了两人共同生活的家。

李梅心冷不已，怀着最后一丝希望要求高强回来照顾生病的自己，却被高强无情拒绝。因为生病本就身心脆弱的李梅感到人心凉薄，决意与高强离婚。

妻子生病，可以要求丈夫支付相关费用吗？

法律分析

1.《民法典》规定，夫妻有互相扶养的义务，一方不履行扶养义务时，需要扶养的一方，有要求对方给付扶养费的权利。夫妻间的扶养义务，包括在物质上的相互供养、生活上的相互帮助、精神上相互慰藉、相互鼓励，以及保持良好的两性生活。夫妻间的扶养是无条件的、必须履行的义务。

《民法典》规定，婚姻关系存续期间，有下列情形之一的，夫妻一方可以向人民法院请求分割共同财产：（1）一方有隐藏、转移、变卖、毁损、挥霍夫妻共同财产或者伪造夫妻共同债务等严重损害夫妻共同财产利益的行为；（2）一方负有法定扶养义务的人患重大疾病需要医治，另一方不同意支付相关医疗费用。

2.本案中，李梅生病休养，作为丈夫的高强不闻不问，未履行法定的扶养义务，李梅可以通过离婚诉讼或者给付扶养费诉讼请求高强支付相关扶养费用，同时李梅可以请求分割共同财产，以保证自己的治病所需。

实务指导

> **夫妻约定实行分别财产制，影响夫妻之间扶养义务的履行吗？**

夫妻间约定分别财产制不能否定夫妻之间法定的扶养义务。因为分别财产制是夫妻约定的财产制度，是夫妻双方就婚前婚后所得的财产权利进行的约定，具有约定性，而夫妻扶养义务则是基于夫妻身份关系而产生的法律规定的义务，具有法定性和强制性。

夫妻在婚姻关系存续期间对双方财产的归属约定，并不能否定夫妻间相互扶养义务，更何况夫妻间的扶养义务内涵不仅包括物质供养，还包括生活扶助和精神慰藉。再者，我国现行法律也没有明确规定实行约定财产制的夫妻可以免除相互扶养的义务。

因此，约定的经济上的约定财产制与法定的身份上的扶养义务是可以并存的，在实行约定财产制的夫妻之间，法定扶养义务一样存在。

➤ **夫妻分居期间需要承担扶养义务吗？**

夫妻双方因感情不和而长期分居，一方因患病需长期治疗，另一方不能因分居而拒绝承担抚养义务。

➤ **夫妻一方陷入险境，另一方是否有救助义务？**

夫妻有相互扶养的义务。扶养是指夫妻双方在日常生活中的相互帮助、扶持，因此，也包括一方在另一方陷入险境时对其生命的救助。

《民法典》第 1059 条、第 1066 条

《刑法》第 261 条

6 离婚后女方要争取什么条件才能抚养孩子？

李梅和高强结婚多年，育有一子一女。现在大儿子十岁，小女儿一岁，在孩子的成长过程中，李梅倾注了较多的心血，在平衡家庭和工作中感到疲惫不已。高强提议李梅放弃现有的工作，专心照顾儿子和女儿，在家里当"全职太太"。

为了更好照料年幼的女儿，李梅决定采取丈夫的建议，辞掉工作专心在家照顾丈夫和孩子。天天围着灶台和儿女，把家庭当作战场，李梅发现自己逐渐跟社会脱节，特别是丈夫高强，经常对自己不屑一顾，仿佛当成保姆一样对待。李梅提出的抗议也被他当成无所谓的牢骚而不屑一顾。

于是李梅决定重返职场，高强表示不理解并反对李梅的行为，

认为李梅去上班就没有人照顾孩子，这是不负责任的表现。两人的矛盾日渐加深。李梅逐渐产生了与高强离婚的想法，又担心不能拿到两个孩子的抚养权而不断搁置这个想法。

女方在离婚时要争取什么条件才能抚养孩子呢？

法律分析

1.未成年子女抚养权的确定，以双方协商优先，不能达成协议时，以最有利于子女的权益和双方的具体情况进行考量为补充为原则。

（1）哺乳期内的孩子。

哺乳期内的孩子是指不满两周岁的子女，以由母亲直接抚养为原则。但母亲有下列情形之一的，也可随父亲生活：

母亲患有久治不愈的传染性疾病或其他严重疾病，子女不宜与其共同生活的；母亲有抚养条件不尽抚养义务，而父亲要求子女随其生活的；因其他原因，子女确不宜随母亲生活的，如母亲的经济能力及生活环境对抚养子女明显不利的，或母亲的品行不端不利于子女成长的，或因违法犯罪被判服刑不可能抚养子女的；等等。

（2）两周岁以上未成年的孩子。

如果当事人双方因子女抚养问题达不成协议时，法院应结合父母双方的抚养能力和抚养条件等具体情况，根据有利于子女健康成长的原则妥善地作出裁决：已做绝育手术或者因其他原因丧失生育能力；子女随其生活时间较长，改变生活环境对子女健康成长明显不利；无其他子女，而另一方有其他子女；子女随其生活，对子女成长有利，而另一方患有久治不愈的传染性疾病或者其他严重疾病，或者有其他不利于子女身心健康的情形，不宜与子女共同生活。

（3）八周岁以上未成年的孩子。

对八周岁以上的未成年孩子，父母双方对抚养问题协议不成的，应当尊重孩子的真实意愿。但是这并不是说八周岁以上未成年孩子可以随意选择随谁生活，法院一般在父方母方同争抚养权，且双方都具有抚养孩子的条件时，才考虑孩子个人的意见。

此外，对于有两个孩子的父母，可以先协商决定孩子抚养权的归属，协商不成时，可以选择通过诉讼的方式争取孩子的抚养权，如果两个孩子都过了哺乳期，法院一般情况会判决一人一个，这是法院出于经济责任分摊、孩子成长、家长精力这些角度考虑的；如果还在哺乳期，原则上会交由母亲抚养。

2.本案中，李梅和高强如果对子女的抚养问题达成一致意见可以按照该一致意见处理，如果无法达成一致意见，则需要法院进行判决。小女儿年龄不满两周岁，以母亲李梅抚养为原则。大儿子的抚养权归属则需要根据父母双方的情况，结合大儿子的意愿进行综合判断。

实务指导

➤ **什么情况下一方要求变更子女抚养关系的请求会得到法院的支持？**

一方要求变更子女抚养关系，具有下列情形之一的，人民法院应予支持：

（1）与子女共同生活的一方因患严重疾病或者因伤残无力继续抚养子女；

（2）与子女共同生活的一方不尽抚养义务或有虐待子女行为，或者其与子女共同生活对子女身心健康确有不利影响；

（3）已满八周岁的子女，愿随另一方生活，该方又有抚养能力；

（4）有其他正当理由需要变更。比如原抚养方失业、外出工作或生活，难以照顾子女，无抚养权一方移居境外，要求子女随同生活等。

需要注意的是，离婚后，一方要求变更子女抚养关系的，双方对此不能达成协议时，应另行起诉。

➤ 抚养费如何支付?

"抚养费"包括子女生活费、教育费、医疗费等费用。离婚后,子女由一方直接抚养的,另一方应当负担部分或者全部抚养费。负担费用的多少和期限的长短由双方协议;协议不成的,由人民法院判决。

(1)有固定收入的,抚养费一般可以按其月总收入的百分之二十至三十的比例给付。负担两个以上子女抚养费的,比例可以适当提高,但一般不得超过月总收入的百分之五十。

(2)无固定收入的,抚养费的数额可以依据当年总收入或者同行业平均收入,参照上述比例确定。有特殊情况的,可以适当提高或者降低上述比例。

(3)抚养费应当定期给付,有条件的可以一次性给付。

(4)父母一方无经济收入或者下落不明的,可以用其财物折抵抚养费。

(5)抚养费的给付期限,一般至子女十八周岁为止。

➤ 什么情况下可以要求增加抚养费?

在下列情况下,子女可以要求有负担能力的父或者母增加抚养费:

(1)原定抚养费数额不足以维持当地实际生活水平;

(2)因子女患病、上学,实际需要已超过原定数额;

(3)有其他正当理由应当增加。

➤ 子女上大学的费用父母要承担吗?

父母对子女的抚养义务到子女成年为止,对于尚未独立生活的成年子女,父母又有给付能力的,仍应负担必要的抚育费。

根据司法解释的规定,"不能独立生活的子女",是指尚在校接受高中及以下学历教育,或者丧失或未完全丧失劳动能力等非主观原因而无法维持正常生活的成年子女。因此,已满十八周岁的在校大学生,依法属于能够独立生活的成年人,不符合"不能独立生活的子女"的标准，父母不再有支付抚养费的法定义务。

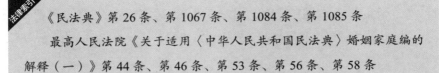

《民法典》第 26 条、第 1067 条、第 1084 条、第 1085 条

最高人民法院《关于适用〈中华人民共和国民法典〉婚姻家庭编的解释（一）》第 44 条、第 46 条、第 53 条、第 56 条、第 58 条

7 离婚后，男方拒绝女方探望子女，该怎么办？

2017 年 12 月底，高强与李梅经过一段甜蜜的恋爱期之后，登记结婚。

2018 年 10 月，他们的儿子出生，给夫妻俩带来了很多欢乐。只是，幸福美满的日子并没有长久，他们的婚姻关系开始紧张起来。

2023 年 7 月，两人在法院的调解下离婚。离婚协议约定，两人自愿离婚，儿子由高强抚养，李梅每月支付抚养费 1500 元，直到孩子年满十八岁。

离婚后，李梅想念孩子想去看望，但遭到了高强的拒绝，理由是李梅只有初中文化，受教育程度有限，不能给孩子创造一个良好的教育和成长环境。

高强的理由成立吗？李梅该怎么办呢？

法律分析

1. 父母与子女间的关系，不因父母离婚而消除。离婚后，父母对于子女仍有抚养、教育、保护的权利和义务。

离婚后，不直接抚养子女的父或者母，有探望子女的权利，另一方有协助的义务。行使探望权利的方式、时间由当事人协议；协议不成的，由人民法院判决。父或者母探望子女，不利于子女身心健康的，由人民法院依法中止探望；中止的事由消失后，应当恢复探望。

2.本案中，高强以李梅文化低为由拒绝探望儿子，无论在情理上还是在法律上都讲不通。对此，李梅可以先和高强协商，如果高强执迷不悟，可以申请人民法院依法采取拘留、罚款等强制措施。

实务指导

➤ 探望权的方式如何确定？

《民法典》在确定探望权的行使问题上，确立了当事人协议与法院判决两种方式，并且确立了"当事人协议优先"的原则。根据"协议优先"的原则，探望权的行使首先由当事人协议。协议的内容主要包括探望的时间、地点、方式等问题。探望权的意义在于保证离婚后不直接抚养子女的一方能够定期与子女团聚，有利于弥合父母离异对子女造成的感情伤害，有利于未成年子女的健康成长。

现实生活中，一般可分为看望式探望和逗留式探望。看望式探望是指非抚养一方父或母以看望的方式探望子女。而逗留式探望在约定或判决确定的探望时间内，由探望人领走并按时送回被探望子女。看望式探望一般时间较短、方式灵活，但不利于探望人和子女的深入交流；而逗留式探望时间较长，有利于探望人和子女的深入了解与交流，但探望人也必须具有必要的居住和生活条件以及良好的生活习惯，如果探望人存在酗酒、赌博、吸毒等不良嗜好，或者居住、生活条件差，不利于子女的身心健康发展，则应避免适用逗留式探望。

➤ 什么情况下直接抚养子女的父或母可以向人民法院提出中止探望的请求？

如果未成年子女、直接抚养子女的父或者母以及其他对未成年子女负担抚养、教育、保护义务的法定监护人认为父或母探望子女，不利于子女身心健康的，可以向人民法院提出中止探望的请求。实践中，以下几种情形可以申请中止探望权。

（1）父或母对子女具有侵害或者犯罪倾向行为；

（2）父或母有可能劫持、胁迫子女；

（3）父或母有恶习或者有不良道德倾向；

（4）父或母有严重传染病；

（5）父或母是无行为能力人或者限制行为能力人。

➤ 协助探望的义务有哪些？

（1）除危害子女利益外，探望权人的探望行为不应受到阻碍，对子女主动要求探望的，应该积极联系、配合；

（2）不得向未成年子女灌输错误思想，影响另一方的形象，破坏其与子女之间的和睦关系；

（3）引导未成年子女正确面对探望问题，营造和谐的亲子氛围，使子女能与不直接抚养自己的一方愉悦、平和地相处，从而实现探望权的立法目的。

《民法典》第 1086 条

最高人民法院《关于适用〈中华人民共和国民法典〉婚姻家庭编的解释（一）》第 66 条、第 67 条、第 68 条

8 如果离婚，"全职太太"的权益如何保障？

李梅和高强结婚后，为了方便照顾年迈的老人和年幼的子女，两人商量，决定由李梅放弃工作，美其名曰在家做"全职太太"。每天早上天还没亮，李梅就要起床给全家人准备早餐，安排女儿上学。之后回到家就开始打扫清洁，陪老人散步说话。晚上接女儿回来后又马不停蹄准备晚餐，帮女儿洗漱，辅导女儿功课。一整天下来就

像个不停转的陀螺，每天都感到心力交瘁。

面对李梅的诉苦，高强表示非常不理解，觉得李梅真是身在福中不知福。自己上班疲于应对工作和客户，每天点头哈腰跟领导赔笑，才是真正的心力交瘁，而李梅只是在家里带带孩子，看看老人，做做家务而已，哪来那么多怨言。

就这样，双方的矛盾不断加深，经常伴随着争吵和埋怨。李梅深思熟虑后，决定跟高强离婚。

如果离婚，作为"全职太太"的李梅，能得到法律的倾斜保护吗？

法律分析

1. "全职太太"一般是指没有工作，只在家里照顾一家人衣食起居的家庭主妇。面对婚变，全职太太们可以根据《民法典》的规定来维护自己的合法权益：

（1）特殊情形男方不得提出离婚。女方在怀孕期间、分娩后一年内或者终止妊娠后六个月内，男方不得提出离婚；但是，女方提出离婚或者人民法院认为确有必要受理男方离婚请求的除外。

（2）请求适当多分夫妻共同财产。离婚时，夫妻的共同财产由双方协议处理；协议不成的，由人民法院根据财产的具体情况，按照照顾子女、女方和无过错方权益的原则判决。

（3）请求给予补偿。夫妻一方因抚育子女、照料老年人、协助另一方工作等负担较多义务的，离婚时有权向另一方请求补偿，另一方应当给予补偿。具体办法由双方协议；协议不成的，由人民法院判决。

（4）请求适当帮助。离婚时，如果一方生活困难，有负担能力的另一方应当给予适当帮助。具体办法由双方协议；协议不成的，由人民法院判决。

（5）请求损害赔偿。有下列情形之一，导致离婚的，无过错方有权请求损害赔偿：①重婚；②与他人同居；③实施家庭暴力；④虐待、遗弃家庭成员；⑤有其他重大过错。

（6）符合条件的可请求再次分割。夫妻一方隐藏、转移、变卖、毁损、挥霍夫妻共同财产，或者伪造夫妻共同债务企图侵占另一方财产的，在离婚分割夫妻共同财产时，对该方可以少分或者不分。离婚后，另一方发现有上述行为的，可以向人民法院提起诉讼，请求再次分割夫妻共同财产。

2.本案中，李梅作为家庭主妇，为抚育子女、照料老年人、协助丈夫工作等付出了很多，因此在离婚时可以请求经济补偿；同时，如果自己的财产加上离婚时分得的财产仍无法维持当地群众的一般生活水平时，还可以请求离婚经济帮助。

实务指导

> ➤ "全职太太"有没有财产权？

我国的法定财产制是婚后所得共同制，我国习惯上称为夫妻共同财产制。它是指在婚姻关系存续期间，夫妻双方或一方所得的财产，除特有财产和双方另有约定外，均为夫妻共同所有，夫妻对共同所有的财产，平等地享有占有、使用、收益和处分的权利的财产制度。

因此，婚后无论是在外工作还是在家操持家务，都不影响对夫妻共同财产的所有权。

> ➤ "家务补偿金"可以单独提出吗？

"家务补偿金"需要在离婚时主动提出，包括在协议离婚或者诉讼离婚时提出，在离婚之后另行主张将不会被支持。主张"家务补偿金"的一方必须有自己明确的请求，未明确主张法院不得径行就"家务补偿金"作出判决。

> ➤ "家务补偿金"如何确认数额？

法院综合考察的因素如下：

（1）家务劳动的时间。家务劳动时间包括日常投入在家务劳动的时间，还包括婚姻关系存续时间的长短，投入时间越多，婚姻存续时间越长，补偿数额应当相应增加。

（2）投入家务劳动的精力。家务劳动种类繁多，有的家务可以通过机器完成，不需投入太多精力，而照顾老人和子女的事项不仅要投入大量的体力劳动，还要投入大量的精神关怀，同等条件下，强度更大、更复杂，理应分得更多的补偿。

（3）家务劳动的效益多少。家务劳动的效益就包括直接创造的效益（积极效益）和间接减少的损耗（消极效益），直接创造的效益不仅体现在给家庭财富、孩子教育以及老人健康等带来的正向影响，也包括一方所付出的精力减少另一方受到家庭事务干扰而专心从事职业活动所带来的正向价值。比如在此期间配偶获得了提拔，获得学历学位、执业资格、专业职称、知识产权等，这些也都要计入经济赔偿数额的考量范围。

（4）负担较多义务一方的信赖利益。夫妻一方不排除不少是放弃了自己较高的工作职位、优渥的工作收入来投入家庭生活当中，自我发展的空间被很大压缩，无形中付出了个人工作选择、收入能力等方面的机会成本。一方因为要照顾家庭而放弃此前优渥的工作收入、职位等也应当纳入经济赔偿数额的考量范围。

➤ **家务劳动补偿需要提供哪些证据？**

双方的聊天记录、照片、老人的就医记录、购物记录、自己的请假证明、证人证言、对方或自己长期往返两地的车票等。

法律索引
《民法典》第 1082 条、第 1087 条、第 1088 条、第 1090 条、第 1091 条、第 1092 条

9 通话记录可以作为认定第三者的证据吗?

　　李梅和高强年少相识,从校服到婚纱,是朋友艳羡的神仙眷侣。两人结婚后不久,李梅怀孕了,幸福就像光晕一样笼罩着这个温馨的小家。好景不长,李梅渐渐发现丈夫高强每天回家的时间越来越晚,推脱不是开会就是应酬,但回来时身上总会混杂着陌生的香水味。出于女人的第六感,李梅觉得高强一定有什么事情瞒着她,于是趁着高强洗澡的时间偷偷查看了高强的手机。

　　出乎意料的是,微信页面干干净净,没有任何与异性接触的聊天记录。短信、微博等社交软件同样如此。李梅想来是自己多心了,决定用高强的手机给自己点个好吃的外卖放松一下心情。在选择送达地址时突然发现了一个新的地址,上面备注的电话十分眼熟。李梅打开通话记录,不看不知道,一看吓一跳,这个电话被高强备注为"老妈",几乎每天都会通话,通话时间不是上下班路上,就是三更半夜,通话时间还非常长,基本上会聊半小时以上。

　　李梅拿起自己保存的婆婆电话进行对比,发现根本就不是婆婆的电话。看来这个"老妈"的备注只是一个障眼法,背后指不定就是高强的出轨对象。李梅顿感怒火中烧,拿起自己的手机对着通话记录咔咔一顿拍。正好高强洗完澡出来,李梅拿着通话记录跟他对质。高强死不承认,坚称是李梅怀孕了喜欢多想。躲躲闪闪的眼神让李梅更加坚定了自己的想法。李梅痛恨高强的感情背叛,决定跟高强离婚。

　　李梅拍摄的通话记录可以作为认定第三者的证据吗?

法律分析

　　1.通话记录是指能够完整展示手机号码通信情况的记录,内容包括对方号码、通话时间、通信时长、号码所在地归属、主叫被叫等。作为主要掌握通信号码通信动态的手段，通话记录在《关于民事诉讼证据的若干规定》第 14 条中被认为是一项重要的电子证据类型。在离婚诉讼中，通话记录只要具备民事证据的客观性、合法性、关联性，就可以作为证据进行使用。

2. 但是仅凭通话记录难以证明对方婚内出轨。因为通话记录只能表现出通信的频次、时长等信息，无法反映聊天内容和指向具体的对象，因而被法官采信存在第三者的可能性较低。实践中如果通话记录频繁、通话时间较长、通话时间不符合常理（比如经常深夜打电话）等，一般可以作为间接证据再结合其他证据来认定婚内出轨事实。

3. 本案中李梅拍摄的通话记录，可以证明其丈夫在某些特定时间（上下班路途中、深夜时段）频繁与备注为"老妈"的人通话，但对方的身份、与高强的关系、聊天内容等都无从查证，因此仅凭通话记录难以认定存在第三者。

实务指导

➤ 怎么合法收集证据？

在收集证据的过程中，应遵守法律法规。不得随意侵犯个人隐私，应保证真实客观，不得随意剪辑、歪曲事实，也不得发布在互联网上，防止因侵犯隐私权和名誉权使得证据效力受到影响。如果担心收集的证据不够全面具体，可以委托律师从事相关业务。

➤ 通话记录怎么调取？

手机通话记录取证流程简单，移动、电信号码可以在各自的掌上营业厅 App 上查询通话详单，但联通手机营业厅 App 仅提供账单查询，详单需要登录 PC 端网上营业厅查询，以上方式可以由电话机主自己查阅。除此之外，第三方自助取证平台录屏取证工具可以实时固定通话记录证据，也是较为便捷的取证方式。

➤ 认定出轨的证据有哪些？

（1）"保证书""道歉书"等一方写下的表示悔改的书面证据。

（2）嫖娼事件被查处等警方介入的笔录。

（3）单位查实职工的婚外情后作出处理的材料。

（4）过错方与第三者同居地的居委会出具的证明，租房房东出具的证明双方同居的证人证言。

（5）朋友、邻居、同事、家人的证人证言。一般这些证人往往与双方都有关系，不愿出庭指证一方。即使证人配合，也可能由于当事人与证人间往往关系比较亲密，有亲属、利害关系，有可能不被采纳。

（6）双方来往的照片、录音、短信、电子邮件、通话记录等。

照片，是指要能显示配偶与第三者亲密关系的各种照片（用手机或相机拍摄需要清晰明了）。

录音，是指能够证明配偶与第三者有婚外情的录音，如与配偶谈话中配偶承认与第三者的婚外情关系等。

手机短信，是指配偶与第三者之间的婚外情短信，有时候配偶与自己、第三者与自己还可能通过短信联系谈到婚外情的问题，这种短信都可保留下来作为证据。但由于短信的特点，一是保存比较困难，二是很难直接证明短信发出及接收者到底是谁，所以需要采取一些特别的手段予以保留，并且可能还需要一些辅助的证据才能证明婚外情的事实。

（7）捉奸在床，收集这类证据难度很大，可通过拍照摄像取得，但要注意不能侵犯他人隐私权。

（8）如果两人的婚外情已经持续了很久，孩子有可能是最有力的证据。当事人可以事先做一个亲子鉴定，如果孩子不是亲生，那就是"铁证如山"了。但是同时需要注意，不要伤害到无辜的孩子。

法律索引

《民法典》第 1024 条、第 1032 条

《民事诉讼法》第 66 条、第 67 条、第 72 条

《关于民事诉讼证据的若干规定》第 14 条

10 丈夫在外与人同居，离婚时，妻子可以要求丈夫"净身出户"吗？

　　李梅和高强结婚多年，育有一子一女。步入中年，事业风生水起的高强逐渐在灯红酒绿中迷失自己，结识了一个年轻漂亮的女孩并迅速坠入爱河。由于工作调整，高强被调往外地。于是高强在外地高档小区为女孩购买了一套三居室作为两人的"爱巢"，时常留宿在该小区，与女孩过起了甜蜜的同居生活。

　　不久后，李梅注意到了丈夫的异样。不仅跟家里沟通越来越少，还时常表现得十分忙碌，说不了几句就要挂断电话。某天，在丈夫借口工作忙碌要挂断电话时，李梅偷偷来到高强外地的公司，拦下一辆出租车在公司门口蹲守高强。看着高强的车缓缓驶入高档小区的停车场，李梅的心凉了一大半。她还是决定跟上去查看，发现高强不仅出轨，还大张旗鼓地跟对方直接同居。

　　怒火中烧的李梅拍下了两人的照片，记下高档小区的名字，找高强摊牌，要求高强"净身出户"。高强承认得很爽快，答应跟李梅离婚，但是以婚内财产大部分是自己赚的为由不同意"净身出户"。

　　李梅将高强诉至法院，要求解除婚姻关系，判决高强"净身出户"，会得到法院的支持吗？

法律分析

　　1."有配偶者与他人同居"，是指有配偶者与婚外异性，不以夫妻名义，持续、稳定地共同居住。与偶尔的通奸相比，有配偶者与他人同居的主观恶性更大，对婚姻制度的破坏性也更强，因此是法定的离婚事由和离婚损害赔偿事由。

2. 我国法律没有"净身出户"的相关条款，只有夫妻财产的多分或者少分、离婚损害赔偿、离婚经济补偿、离婚经济帮助、精神损害赔偿等涉及离婚财产分配的规定。有配偶者与他人同居，无过错方可以请求损害赔偿，分割夫妻财产时也可以按照照顾无过错方的原则进行多分，但除非本人自愿，否则难以达到使对方"净身出户"的目的。

3. 本案中，高强与婚外异性不以夫妻名义，持续、稳定地同居，属于离婚时的过错方。李梅可以主张高强少分夫妻共同财产，并请求离婚损害赔偿和精神损害赔偿以达到多分夫妻共同财产的目的。但如果没有高强本人同意"净身出户"，法院一般不会判决夫妻共同财产全部归属于李梅。

实务指导

➤ "净身出户"协议是否具有法律效力？

根据《民法典》的规定，夫妻可以约定婚姻关系存续期间所得的财产以及婚前财产归各自所有、共同所有或部分单独所有、部分共同所有，夫妻在婚姻关系存续期间约定将共同财产全部给另一方单独所有并不违反法律规定，也并未违背公平原则。夫妻双方具备完全民事行为能力，意思表示真实，协议内容不违反法律、行政法规的强制性规定，不违背公序良俗，当为有效。

➤ "净身出户"协议可否反悔？

如果当事人尚未办理离婚手续而签订"净身出户"协议，该协议性质上为离婚达成的"婚内净身出户财产协议"，属于附条件的民事法律行为。最高人民法院《关于适用〈中华人民共和国民法典〉婚姻家庭编的解释（一）》规定，如果双方离婚未成，一方在离婚诉讼中反悔的，人民法院应当认定该财产以及债务处理协议没有生效，并根据实际情况依照《民法典》第1087条和第1089条的规定判决。

"净身出户"协议包含"净身"和"出户"两种含义，如果当事人已经办理完离婚手续而"出户"，还能对"净身"反悔吗？答案是肯定的。根据《民法典》第 148 条、第 150 条、第 151 条之规定，如果以胁迫、欺诈手段，使对方在违背真实意思或者利用其处于危困状态、缺乏判断能力等情形下签订"净身出户"协议，受有损害的一方有权自知道或者应当知道撤销事由之日起一年内请求人民法院或者仲裁机构予以撤销。

➤ 除"净身出户"协议外，是否还有其他有效手段？

让对方签署书面协议自愿"净身出户"实为可行之策，但协议的效力判定往往在离婚诉讼中多有争议。因此从分得更多共同财产的角度出发，无过错方可以多收集对方的过错证据，包括重婚、实施家庭暴力、虐待、遗弃家庭成员、婚内出轨等具有重大过错的情形，以期获得更多的离婚损害赔偿和精神损害赔偿，减少对方分得的夫妻共同财产份额。

《民法典》第 148 条、第 150 条、第 151 条、第 1042 条、第 1065 条、第 1087 条、第 1089 条、第 1091 条、第 1092 条

最高人民法院《关于适用〈中华人民共和国民法典〉婚姻家庭编的解释（一）》第 2 条、第 69 条第 1 款

11 婚后发现丈夫隐瞒性病，妻子可以要求离婚吗？

李梅与高强于 2020 年 12 月登记结婚。婚后共同生活期间，李梅发现高强患有淋病，在李梅的逼问下，高强自认患有慢性淋病多年，且明知该疾病具有传染性，但因种种原因婚前未向李梅如实告

知，并向李梅表示歉意。

高强认为，自己并非故意欺骗，是为了和李梅结婚才隐瞒；且在结婚后的半年时间中，自己全心全意对待李梅，希望李梅能够给自己一次机会。

李梅觉得自己受到了欺骗，无法原谅高强的"荒唐"行为，于是提出离婚。

法院会支持李梅的诉讼请求吗？

法律分析

1.《民法典》规定，一方患有重大疾病的，应当在结婚登记前如实告知另一方；如不如实告知的，另一方可以向人民法院请求撤销婚姻。请求撤销婚姻的，应当自知道或者应当知道撤销事由之日起一年内提出。

2.本案中，高强患有淋病，具有较强的传染性且难以治愈，高强在结婚登记前对李梅未如实告知，符合法定的撤销婚姻的情形，因此，法院应判决撤销李梅和高强二人的婚姻。

实务指导

➤ 哪些属于重大疾病？

目前我国《民法典》并未就重大疾病的范围作出明确规定。在司法实践中，法院一般引用的是《母婴保健法》的规定，认定以下病症为重大疾病，并以此作为撤销婚姻的法律依据：

（1）严重遗传性疾病（由于遗传因素先天形成，患者全部或者部分丧失自主生活能力，后代再现风险高，医学上认为不宜生育的遗传性疾病）；

（2）指定传染病（艾滋病、淋病、梅毒、麻风病以及医学上认为影响结婚和生育的其他传染病）；

（3）有关精神病（精神分裂症、双相情感障碍以及其他重型精神病）。

> **配偶患有精神病，另一方就一定可以请求撤销婚姻吗？**

未必。对于患有精神病的患者，如其婚前未履行告知义务，婚后另一方请求撤销的，法院判决是否撤销的主要考虑因素为：该精神疾病是否具有长期性、反复性、暴力性，是否会对婚后配偶一方的正常生活造成严重或较为不利的影响，办理结婚登记时患病方是否处于精神不稳定状态等。

> **如何证明对方婚前就患有重大疾病？**

婚前的确诊病例及治疗记录。除此以外，如果患病方在庭审中对该事项表示认可的，或者患病一方在聊天过程中承认其婚前患有重大疾病，且另一方保存了该方面的证据的，也可以作为证明对方婚前患有重大疾病的证据使用。

> **如何证明已经履行了告知义务？**

司法实践中，如果患有重大疾病的一方无法就是否履行了告知义务提供证据证明的，法院直接认定患有重大疾病一方未履行告知义务。

当事人在履行此类婚前告知义务时最好以可以留存的方式进行告知（如微信或短信等），以防婚后对方以此为由主张撤销婚姻。

> **告知义务的标准是什么？**

只要告知患有该病即可，无需就严重程度进行详细告知。

> **婚后患有重大疾病可以请求撤销吗？**

不可以。关于重大疾病的婚姻撤销权，我国《民法典》仅规定了在婚姻登记之前患有重大疾病的，另一方才可以请求撤销。对婚姻登记以后，如果一方患有重大疾病的，不在可请求撤销婚姻的范围。此外，司法实践中还有患病方在婚前可能就已经患有该病，但其一直未进行检查，直至结婚以后才检查发现患有重大疾病的，此时病患配偶一方主张撤销婚姻，法院也是不予支持的。

> **在举行婚礼及登记结婚期间，患有重大疾病的，是否属于应**

当告知的范围?

看结婚登记时间。实践中,存在一些地方举行婚礼与领取结婚证并非同一天的情形,如果在此期间一方患病的,主要的判断界限为办理结婚登记的时间。如果在办理结婚登记之前发现患有重大疾病,应当告知,反之,则不具有法定的告知义务,也不能因此主张撤销婚姻。至于举行婚礼的时间对此并不产生影响。办理结婚登记是我国唯一认可双方缔结婚姻的条件,举行婚礼属于民间活动,并不能由此认定双方已经缔结婚姻。

法律索引

《民法典》第 1053 条

12 夫妻间的"忠诚"协议有效吗?

李梅和高强登记结婚后,日子虽然伴随着争吵和埋怨,但也过得平淡而幸福。渐渐地,李梅发觉高强总是早出晚归,经常背着自己打电话,连手机密码也换了。凭借女人的第六感,李梅觉得高强一定有什么事情瞒着自己。终于有一天,通过查看高强的手机,李梅发现高强竟然出轨了!

李梅感到十分生气,但看到高强苦苦哀求原谅自己,考虑到两人还有一个正在上小学的儿子,李梅心软原谅了高强的出轨行为,但要求高强写保证书。高强承诺:"如果再做对不起家庭的事,自愿净身出户!"

好景不长,习惯出轨寻求刺激的高强再一次出轨并被李梅发现,李梅自觉忍无可忍,诉至法院。认为双方因为高强经常出轨而感情破裂,请求法院判决双方离婚,并按照忠诚协议要求高强"净身出户"。

"忠诚"协议有效吗?

法律分析

1.《民法典》规定，夫妻应当互相忠实，互相尊重，互相关爱；家庭成员应当敬老爱幼，互相帮助，维护平等、和睦、文明的婚姻家庭关系。

关于夫妻在婚姻关系存续期间签署忠诚协议是否有效问题，最高人民法院在《中华人民共和国民法典婚姻家庭编继承编理解与适用》一书中明确：夫妻之间签订忠诚协议，应由当事人本着诚信原则自觉自愿履行，法律并不禁止夫妻之间签订此类协议，但也不赋予此类协议强制执行力，从整体社会效果考虑，法院对夫妻之间的忠诚协议纠纷以不受理为宜。理由如下：

第一，如果法院受理此类忠诚协议纠纷，主张按忠诚协议赔偿的一方当事人，既要证明协议内容是真实的，没有欺诈、胁迫的情形，又要证明对方具有违反忠诚协议的行为，可能导致为了举证而去捉奸，为获取证据窃听电话、私拆信件，甚至对个人隐私权更为恶劣的侵犯情形都可能发生，夫妻之间的感情纠葛可能演变为刑事犯罪案件，其负面效应不可低估。

第二，赋予忠诚协议法律强制力的后果之一，就是鼓励当事人在婚前签订一个可以"拴住"对方的忠诚协议，这不仅会加大婚姻成本，也会使建立在双方情感和信任基础上的婚姻关系变质。

第三，忠诚协议实质上属于情感、道德范畴，当事人自觉自愿履行当然极好，如违反忠诚协议一方心甘情愿净身出户或赔偿若干金钱，为自己的出轨行为付出经济上的代价。但是如果一方不愿履行，不应强迫其履行忠诚协议。

2.本案中李梅和高强签订的忠诚协议虽然有效，但根据通说理论，并不具有强制执行力。但是高强的频繁出轨行为，严重违背了夫妻之间的忠诚义务，伤害了夫妻之间的感情，可以认定为具有"其他重大过错"，可以通过适当多分割财产和支持损害赔偿请求来维护婚姻关系中无过错方李梅的权利。

实务指导

➤ **违反忠实义务的情形有哪些?**

从司法实践看,违反夫妻忠实义务的行为主要有两种:

(1)重婚,是指有配偶者与婚外异性登记结婚或者有配偶者与婚外异性以夫妻名义共同生活的行为。

(2)有配偶者与他人同居。是指有配偶者与婚外异性不以夫妻名义,持续、稳定地共同居住。

➤ **如何制作一份有效的"忠诚协议"?**

(1)协议仍然采取"夫妻财产约定"的名称,开头可以使用"明确双方经平等自愿协商,依据《民法典》第1065条对夫妻财产进行分配"的表述。

(2)采取"夫妻财产约定+违约责任条款"的方法,这样即使违约责任条款没有强制执行力,正常的夫妻财产约定也有效。

(3)违约责任条款不宜太苛刻,尽量不要采取"净身出户"的表述,可以表述为少分多少份额或者放弃某种特定财产。

 法律索引

《民法典》第1043条

六、继承权益篇

　　继承，是指继承人对死者生前的财产权利和义务的承受，又称为财产继承。根据《民法典》的规定，继承人有以下权利及义务：

　　继承人有接受继承和放弃继承的权利。继承人是否接受继承，是法律赋予的权利；继承人有取得遗产的权利。没有放弃继承的继承人自继承开始便可以取得已死亡的被继承人的财产；继承人有请求分割遗产的权利。遗产被几个继承人同时继承，如经其中某一继承人的请求，可以将遗产予以分割。当然，分割遗产不得侵害他人和社会的利益；继承人有管理遗产的权利和义务。尤其是那些实际占有遗产的继承人，在遗产分割以前应认真管理遗产；执行遗嘱的权利义务；偿还被继承人债务的义务。继承遗产应当清偿被继承人依法缴纳的税款和债务，缴纳税款和债务以其遗产的实际价值为限。超过遗产实际价值部分，继承人自愿偿还的不在此限。

　　另外，附义务遗嘱继承或遗赠，如义务能够履行而继承人、受遗赠人无正当理由不履行，经受益人或其他继承人请求，人民法院可以取消其接受附义务那部分遗产的权利，由提出请求的继承人或受益人负责按遗嘱人的意愿履行义务，接受遗产。

　　在现实生活中，女性的继承权由于一些陋习的影响很容易被忽略，本篇目的在于通过对实践案例的引入和分析，明确女性继承权的享有以及如何维护自己的继承权益。

1 未经丈夫同意，妻子放弃继承权，有效吗？

李梅和高强从小青梅竹马，大学毕业后，在双方父母的祝福中，二人很快就办理了结婚登记。婚后，二人夫唱妇随，很是让旁人羡慕。今年年初，李梅的父亲突发脑溢血去世，留下了一套房产和20万元的存款。李梅有个双胞胎姐姐，因患先天性心脏病未婚，一直与父母同住。

李梅想到姐姐身体不好，需要一笔钱在身边救急备用，同时考虑到母亲因糖尿病并发症常年卧床也需要姐姐照顾，而自己的经济条件还不错，所以就自己做主放弃继承权，将房产和存款都留给了姐姐和母亲。

丈夫高强知道后十分生气，他认为李梅放弃继承权发生在夫妻关系存续期间，且未征求他的同意，属于单方处分行为，应属无效。于是两人爆发了争吵，甚至因为这件事，两人最终打起了官司。

妻子放弃继承权需要取得丈夫的同意吗？

法律分析

1. 放弃继承权是指继承权人在继承开始后到遗产处理以前，享有放弃自己的继承资格和应继份额的意思表示的权利。

婚姻关系存续期间，夫妻一方未经对方同意放弃继承权是否有效，通说认为，继承权是法律赋予继承人独有的一项权利，无需取得配偶的同意，配偶自然也无权干涉对方作出继承权放弃的意思表示。

（1）继承权不同于一般财产权，其与继承人的身份具有不可分割的联系，具有较强的人身属性。放弃继承也是继承人一项十分重要的权利，且放弃继承属于单方法律行为，只要继承人单方的意思表示即可生效，不应介入第三方的意志因素。

（2）继承权是一项期待权，其并不等于财产所有权。继承权的放弃是在遗产具体处理前进行的，此时继承人享有的只是一种可能得到遗产份额的权利，并非实际享有了遗产的所有权。

（3）尊重继承人的个人自由意志和保障继承人的正当权益是放弃继承的立法宗旨。与遗产相关的其他利害关系人，如遗产债权人、被继承人的其他继承人，尚且不能干涉继承人是否放弃继承，作为与该份遗产并无直接利害关系的继承人配偶更无此权利和资格。

2.本案中，李梅作为第一顺位的法定继承人，是否接受继承，可以自行决定，不受任何他人的限制或干涉，作为丈夫，高强应该理解并尊重妻子的选择。

实务指导

➤ **继承权放弃的有效要件有哪些？**

要产生放弃继承权的法律效果，应当具备以下要件：

（1）继承人应当具有相应的民事行为能力；

（2）继承人放弃继承权的意思表示应当真实；

（3）继承人应当在法定期限内、以法定的方式作出放弃继承权的意思表示；

（4）继承人不得以放弃继承权来规避法定义务。

➤ **继承权随时可以放弃吗？**

继承人放弃继承的意思表示，应当在继承开始后、遗产分割前作出。遗产分割后表示放弃的不再是继承权，而是所有权。

➤ **可以口头放弃继承权吗？**

继承人放弃继承应当以书面形式向其他继承人表示，不能以默示或推定的方式进行。用口头方式表示放弃继承，本人承认，或有其他充分证据证明的，也应当认定其有效。在诉讼中，继承人向人民法院以口头方式表示放弃继承的，要制作笔录，由放弃继承人签名。

> ➤ **放弃继承权就意味着放弃一切吗？**

继承人放弃继承权的效力范围，仅限于放弃继承被继承人在遗产上的一切权利义务。被继承人在生前对继承人所为的赠与，不因继承人放弃继承权而发生影响。被继承人生前与保险公司订立的保险合同中所指定的保险金受领人是继承人的，当该继承人放弃继承权时，他作为保险金受领人的保险金请求权不因此而受影响。

> ➤ **放弃继承权后可以反悔吗？**

遗产处理前或诉讼进行中，继承人对放弃继承权反悔的，由人民法院根据其提出的理由作出决定。遗产处理后，放弃继承权人反悔的，不予承认。

> ➤ **放弃继承权能免除赡养义务吗？**

不能。我国法律规定子女有赡养扶助父母的义务。这是属于赡养人的法定义务，是无条件的。赡养人不得以放弃继承权或者其他理由，拒绝履行赡养义务。

> ➤ **在公证处进行放弃继承权声明需要准备哪些材料？**

（1）申请人的身份证明；

（2）被继承人死亡证明；

（3）申请人与被继承人之间的亲属关系证明；

（4）放弃继承的财产权利证明的复印件；

（5）声明书文本（可申请公证员代书）；

（6）申请人行为能力难以判断的，需提交具备相应行为能力的证明；

（7）遗嘱继承人放弃继承权或遗嘱受赠人放弃受遗赠的，需提交遗嘱。

法律索引

《民法典》第 1062 条、第 1063 条、第 1124 条、第 1127 条

2 出嫁的女儿有继承权吗？

李梅自小出生在一个多子女家庭，除了她以外，家里还有一个哥哥和两个妹妹。李梅和两个妹妹先后出嫁，在李梅结婚没两年后，其父母就相继去世了，留下了一套房屋和 20 万元存款。

当处理完父母的丧事，四个子女坐在一起想要商量下遗产如何分割时，李梅的哥哥却突然翻脸不认人，认为李梅和妹妹都已经出嫁了，不再是家里的人，没有继承父母遗产的资格。双方争执不休，于是闹上了法庭。

很多人受传统观念的影响，认为"嫁出去的女儿，泼出去的水"。女子出嫁自此就是夫家的人，不再是娘家的人，对于娘家的财产都不再有主张权利的资格。

那么真的是这样吗？女子出嫁会影响继承权吗？

法律分析

1.男女平等，是我国法律制度中一项十分重要的原则。继承中的男女平等主要体现在以下几个方面：

（1）所有的继承人不分男女，一律平等地处于其应在的继承顺序之中。第一顺序继承人是指配偶、子女、父母；第二顺序继承人是指兄弟姐妹、祖父母、外祖父母等。该顺序排列不因性别之异而区别对待；《民法典》第 1129 条规定：丧偶儿媳对公婆、丧偶女婿对岳父母，尽了赡养义务的，作为第一顺序继承人。

（2）所有的继承人不分男女，一律平等地享有继承权。同一顺序继承人继承遗产的份额，一般应当均等。这里的"一般"是指除了有特殊困难、无生活来源、尽了主要赡养义务的可以多分和有能力不尽扶养、赡养义务的继承人不分或少分以外，其他情况下各继承人应当均等继承。

（3）代位继承和转继承男女平等。儿子先于父母死亡，孙子女可代替父亲继承祖父母的遗产，女儿先于父母去世，外孙子女可以代替母亲继承外祖父母的遗产。

2.本案中，即使李梅与两个妹妹已经出嫁，但这不能改变她们是自己父母子女的事实，在父母没有立下遗嘱说明遗产仅留给李梅哥哥的情况下，四个子女对于父母的遗产有着平等的继承权，哥哥不能以妹妹们已经结婚为由，剥夺她们的继承权。

实务指导

➤ 嫁妆可以冲抵女子的继承份额吗？

女子出嫁时父母准备的嫁妆属于对自己女儿的赠与，而继承是对被继承人遗产的分配，是不同的法律关系，因此，嫁妆不能冲抵女子的继承份额。

➤ 分配遗产时，子女的份额都是一样的吗？

女儿虽享有法定的继承权，但在确定所分遗产份额时，也须考虑女儿对父母所尽义务的多少。女子出嫁后的情况有很多种，有些仍与父母生活在一起，有些则离家千里。如女子出嫁后未与父母住在一起，没有或较少尽赡养义务，与父母共同生活的其他继承人可以多分遗产。

此外，考虑到现实情况，对于在生活中有特殊困难又缺乏劳动能力的继承人，应当予以照顾。同时，如果各继承人经过协商，取得一致同意的，分配份额也可以不均等，按照各方约定份额进行分配。

➤ 任何时候都可以请求分割父母的遗产吗？

请求分割父母遗产也是有时间限制的。按照法律规定，遗产分割的诉讼时效一般为三年，自权利人知道或应当知道权利受到损害以及义务人之日起算。如父母已死亡多年，遗产都被其他继承人分割完毕了，出嫁女此时再要求分割父母遗产可能需要考虑自己诉求的诉讼时效是否已经超过，超过诉讼时效期间的，其继承权不再受法律保护。

法律索引 《民法典》第 188 条、第 1126 条、第 1127 条、第 1130 条、第 1132 条

3 养女可以继承养父的遗产吗？

一夫妇年轻时一直没有生育，于是二人在福利院领养了一个名为李梅的女孩，并办理了收养手续。后来中年得子生下了一个儿子，取名为高强。

李梅在得知自己不是亲生子女后，出于对养父母抚养自己的感激，一直对养父母如同亲生父母般跑前跑后照顾他们。而高强自中学辍学后一直没有稳定工作，与父母关系也不好，在一次与父母争吵过后就离开了家，与父母很少联系。

后李梅的养父因病去世，李梅在照顾伤心的养母的同时一力承担了养父的葬礼事宜。在处理完一切事宜后，养母联系到儿子高强让其回家与李梅把父亲留下的一套房屋和 20 万元存款进行分配。此时高强却想把李梅赶出住了多年的家，其认为李梅并不是自己父母亲生的女儿，且李梅一直没有改姓高，根本就不是高家人，没有权利继承父亲的财产，自己才是合法的继承人，房产和存款应归自己所有。

李梅在面对这样的情况时应怎么办？其作为养女，有权继承养父的遗产吗？养女未改姓会影响收养关系的认定吗？

法律分析

1.收养，是指通过一定法律程序，将他人的子女作为自己的子

女加以抚养，使原来没有直系血亲关系的人们产生法律拟制的父母和子女关系的法律行为。根据法律规定，自收养关系成立之日起，养父母与养子女间的权利义务关系，适用法律关于父母子女关系的规定；养子女与养父母的近亲属间的权利义务关系，适用法律关于子女与父母的近亲属关系的规定。

2.本案中，李梅的养父母在收养她时办理了合法的收养手续，自此李梅就与养父母之间建立了法律拟制的直系血亲关系，与后来出生的高强一样处于完全相同的法律地位。根据法律规定，养子女可以随养父或养母的姓氏，在协商一致的情况下，养子女也可保留原来的姓氏。也就是说，李梅不姓高，并不影响她与养父母之间收养关系的认定。

同时，《民法典》继承编中规定了子女是父母第一顺位的法定继承人，该处的子女不仅指婚生子女，也包括非婚生子女、养子女和有扶养关系的继子女。故李梅与高强一样对养父的遗产有继承权。

实务指导

➤ **收养需要满足哪些条件？**

（1）无子女或只有一名子女。

（2）有抚养、教育和保护被收养人的能力。具体包括以下几个方面：第一，养父母必须具有稳定的住所和收入来源，能够负担起养育子女所需支付的各项费用，包括基本生活费用和教育费用等；第二，养父母应具有高尚的道德情操，有利于培养教育养子女形成健全的人格；第三，养父母应从情感上能够给予养子女关心与爱护，使养子女在温暖的家庭环境中健康成长。

（3）未患有在医学上认为不应当收养子女的疾病。收养人应当向收养登记机关提交的证明材料中，包括县级以上医疗机构出具的未患有在医学上认为不应当收养子女的疾病的身体健康检查证明。

（4）无不利于被收养人健康成长的违法犯罪记录。收养人有违法犯罪记录的，收养登记机关应判断该违法犯罪记录是否不利于被收养人健康成长，并决定是否准许收养。

（5）年满三十周岁。夫妻双方共同收养子女时，双方均应年满三十周岁。夫妻一方年满三十周岁，另一方不满三十周岁的，不符合收养子女的条件。

➤ 养女和养父可以结婚吗？

对于拟制血亲之间能否结婚，我国法律没有明确规定。但《民法典》婚姻家庭编规定，养父母与养子女、继父母与受其抚养教育的继子女之间的权利和义务，适用法律对亲生父母子女关系的规定。因此，对直系血亲缔结婚姻的限制，也应适用于养父母子女之间和有抚养关系的继父母子女之间，无论这种拟制直系血亲关系是否解除，从伦理要求和法律精神上看，都应属于禁止结婚的范围。

➤ 单身男士可以收养女童吗？

可以，但需要满足以下条件：

（1）无子女或者只有一名子女；

（2）有抚养、教育和保护被收养人的能力；

（3）未患有在医学上认为不应当收养子女的疾病；

（4）无不利于被收养人健康成长的违法犯罪记录；

（5）与被收养女童具有四十周岁以上的年龄差距。

➤ 私下签订的收养协议有效吗？

无效。收养必须办理登记，否则不产生收养的效力。

法律索引

《民法典》第 1098 条、第 1102 条、第 1105 条、第 1111 条、第 1112 条、第 1127 条

孙女可以继承祖父的遗产吗?

　　李梅的爸爸在她小时候因病去世,她一直与妈妈相依为命生活。李梅十岁时,妈妈又重新组建了家庭,李梅跟着妈妈到了新的家庭,但李梅与祖父母的关系还是很亲密,节假日都会去看她的祖父祖母。

　　就在李梅成年后不久,其祖父就去世了,李梅妈妈带李梅前去吊唁并主张李梅可以继承祖父的部分遗产。但是这个主张遭到了李梅伯伯,也就是李梅生父的哥哥的坚决否定。

　　李梅伯伯认为李梅都已经随母改嫁了,自己的弟弟已经去世多年,她与原来这个家庭算是断了联系,而且李梅作为孙女,也不是法定继承人,她没有权利继承老爷子的遗产。两边闹得不可开交,各有各的主张。

　　孙女可以继承祖父的遗产吗?

法律分析

　　1. 祖父母、外祖父母包括生祖父母和生外祖父母、养祖父母和养外祖父母。孙子女、外孙子女包括婚生孙子女和婚生外孙子女、非婚生孙子女和非婚生外孙子女、养孙子女和养外孙子女。

　　现行立法规定中,孙子女在两种情况下可以继承祖父母的遗产,分别是代位继承和遗赠。

　　(1)代位继承是指继承人先于被继承人死亡时,由继承人的直系晚辈血亲代替先亡的直系血亲继承被继承人遗产的一种法定继承制度。直系血亲就是指具有直接血缘关系的亲属,比如父亲与子女。法律中规定的直系血亲不仅包括具有血缘关系的亲属,还包括法律拟制血亲关系,如养父母与养子女。代位继承不受辈数的限制,也就是说,被继承人的孙子女、曾孙子女等都可以代位继承。

（2）遗赠是指被继承人以遗嘱的方式将个人财产的一部分或者全部于其死后赠给国家、集体或法定继承人以外的人的一种法律制度。祖父如果有遗嘱表明将自己遗产的一部分或全部遗产遗赠给自己的孙女，孙女即可以继承祖父的遗产，并且优先于法定继承人。

2. 本案中，李梅作为孙女，虽然不是祖父的法定继承人，祖父也并没有留下遗嘱。但李梅的父亲早逝，其父亲作为李梅祖父的法定继承人先于祖父死亡，李梅作为其生父的子女，可以代位继承祖父的遗产。但需要注意的是，李梅对于祖父的遗产继承必须以其父亲能够继承的份额为限。

实务指导

➤ 祖孙之间有抚养／赡养义务吗？

《民法典》规定了祖孙之间的抚养义务和赡养义务，但这些义务的负担是有条件的。

（1）祖父母、外祖父母对孙子女、外孙子女承担抚养义务的条件：①孙子女、外孙子女须为未成年人；②孙子女、外孙子女的父母已经死亡或父母无力抚养；③祖父母、外祖父母有负担能力。

（2）孙子女、外孙子女对祖父母、外祖父母承担赡养义务的条件是：①孙子女、外孙子女为有负担能力的成年人；②祖父母、外祖父母的子女已经死亡或子女无力赡养；③祖父母、外祖父母必须是需要赡养的人。

➤ 关于父母均在外打工，是否属于"无力抚养"？

扶老育幼是我们中华民族的优良传统，现实生活中也普遍存在祖父母、外祖父母帮着带孩子的情形。尤其在农村地区，有大量父母外出打工，把孩子留给祖父母、外祖父母照顾，即通常说的"留守儿童"。应注意的是，祖父母、外祖父母照顾孙子女、外孙子女往往是出于亲情。如果不存在其他的特殊情况，仅"父母外出打工"不能构成父母无力抚养的条件，在这种情形下，祖父母、外祖父母对孙子女、外孙子女进行照顾，是出于道义和亲情，并没有抚养的法定义务。父母仍应依照法律规定，对子女履行抚养、教育和保护义务，不能以在外打工为由推卸自己的责任。

➤ **孙子女、外孙子女是祖父母、外祖父母的法定继承人吗？**

法律规定了两个位次顺序的法定继承人，分别是：第一顺位的配偶、父母和子女；第二顺位的兄弟姐妹、祖父母以及外祖父母。孙子女、外孙子女并不在法定继承人的顺位中，因此，一般情况下，孙子女、外孙子女不能继承祖父母、外祖父母的遗产。

➤ **什么是隔代收养？**

收养中有时由于收养人与被收养人之间年龄相差较大，或者是亲属之间收养受辈分的影响，收养人与被收养人以父母子女相称不太恰当，便以祖孙相称，形成所谓的隔代收养。隔代收养中，收养人与被收养人之间的权利义务关系，比照养父母与养子女的关系处理。

《民法典》第 1124 条、第 1128 条

最高人民法院《关于〈中华人民共和国民法典〉继承编的解释（一）》第 14 条、第 15 条、第 17 条

5　媳妇能继承公婆的遗产吗？

李梅与高强结婚多年，夫妻感情一直非常好。但天不遂人愿，高强在一次出差时意外去世，李梅虽然悲痛欲绝，但因为其还有年幼的孩子需要抚养，高强和自己的父母也需要自己照顾，于是她不得不振作起来。

在高强去世后，李梅仍然待高强的父母如同自己的父母一般，尽心尽力地照顾二老，直至二老去世。

　　二老去世后，留下了一套老房子和 20 万元的存款，二老除了高强以外没有其他孩子，于是李梅带着孩子仍然住在老房子里并保管有着 20 万元的存折。结果，在丧事办完后不久，高强父亲的哥哥突然跳出来声称自己是弟弟仅剩的法定继承人，要来继承财产，要求李梅交出存折，带着孩子离开老屋。

　　李梅觉得自己委屈，她照顾二老安享晚年，自己虽然不是二老的女儿，但是他们的媳妇，早已是半个女儿，且自己一直亲力亲为照顾二老，对二老尽了主要的赡养义务，自己也有权继承财产。

　　媳妇能够继承公婆的遗产吗？

法律分析

　　1. 我国《民法典》规定，尽到主要赡养义务的丧偶儿媳、女婿，可被认定为继承人。如何认定"尽到主要赡养义务"？主要体现在以下方面：

　　（1）丧偶儿媳、丧偶女婿向被继承人提供主要的经济支持、负担被继承人的日常开销，被继承人主要依靠该经济支持维持生活。

　　（2）丧偶儿媳、丧偶女婿对被继承人在劳务等方面给予了主要扶助，照顾其生活起居、进行病床护理等。注意这里丧偶儿媳、丧偶女婿对被继承人提供的帮助应当是长期的，而非偶尔和有限的照料。

　　2. 本案中的李梅在其丈夫死亡后，一直亲力亲为照顾丈夫的父母，其作为儿媳，本没有法定的赡养义务，但她仍然担起了丈夫作为儿子的责任照顾双亲，其有权以第一顺序继承人的身份继承公婆的遗产，其公公的哥哥为第二顺序的继承人，无权对李梅公婆的遗产主张继承。

实务指导

　　➤ 儿媳有赡养公婆的义务吗？

　　《老年人权益保障法》规定：赡养人的配偶应当协助赡养人履行

赠养义务。因此在家庭关系中，儿子是父母的第一赡养义务主体，儿媳对公婆具有协助义务，比如帮丈夫暂时照看年迈的公婆等。

> **丈夫不肯出钱为岳父母看病，妻子该怎么办？**

《民法典》规定，婚姻关系存续期间，有下列情形之一的，夫妻一方可以向人民法院请求分割共同财产：一方负有法定扶养义务的人患重大疾病需要医治，另一方不同意支付相关医疗费用。

这就意味着，如果丈夫不肯出钱为岳父母看病，妻子可以在不离婚的情况下，要求分割共同财产。

> **丧偶儿媳成为继承人，影响其子女代位继承吗？**

丧偶儿媳之所以取得被继承人遗产继承权，是因为其作为儿媳，对公婆尽到了主要赡养义务。而代位继承人之所以取得被继承人遗产继承权，是因为其身份为被继承人子女的直系晚辈血亲，且该子女先于被继承人死亡。这两种继承权利的取得，是基于不同原因，故这两种继承权互不影响，丧偶儿媳成为继承人的，不影响其子女代位继承亡父有权继承的遗产份额。

《民法典》第 1045 条、第 1129 条、第 1131 条

最高人民法院《关于适用〈中华人民共和国民法典〉继承编的解释（一）》第 18 条、第 19 条

6 丈夫去世留下债务，夫债要妻偿吗？

李梅和高强结婚五年，二人没有子女，但一直十分恩爱。婚后李梅就放弃了工作，在家做起了全职家庭主妇。在李梅的眼里，高强工作能力强，对家庭也很有责任心。小两口的生活一直很富足。高强给李梅买了很多名牌衣服、包包，还经常带李梅出国旅游。

好景不长，在一个平常的日子，李梅做好饭照常等待高强下班。但敲开房门的不是丈夫高强，而是警察。警察告诉李梅一个惊天噩耗：高强跳楼自杀了，原因是不堪债务重负的压力。高强死后，要债的纷纷找上门来，李梅这时才知道，平时富足幸福的生活全是高强在外贷款换来的。

李梅看着摆满桌面的欠条、银行的催款单，头皮发麻，自己待业在家，完全没有经济能力偿还这么巨额的欠款。李梅认为这些钱都是丈夫借的，与自己无关，且自己并没有在贷款合同、欠条上签字，怎么能让自己还钱呢？

李梅对丈夫生前的欠款，需要偿还吗？

法律分析

1.《民法典》规定，继承人以所得遗产实际价值为限清偿被继承人依法应当缴纳的税款和债务。超过遗产实际价值部分，继承人自愿偿还的不在此限。继承人放弃继承的，对被继承人依法应当缴纳的税款和债务可以不负清偿责任。

这也就是说，被继承人生前的债务，配偶、子女等并没有义务去偿还，只有继承了遗产，才有偿还债务的义务，但是超过遗产实际价值的部分，将无需偿还。

2.本案中，虽然这些欠款都是高强以个人名义在外欠下的，但高强所借款项给李梅买了名牌衣服、包包；带李梅出国旅游等，李梅作为享受家庭富足生活和巨额开销的一员，需要对欠款中被认定为夫妻共同债务的款项负偿债责任。

实务指导

➤ 什么情况下夫债需要妻偿？

（1）根据现有的银行借贷规则，需要家人作为担保，因此，作为家人，妻子需要承担连带担保责任。

（2）由于经营所得属于夫妻共同财产，因此，因经营的负债，作为受益人的妻子也需要承担偿还责任。

（3）证据证明是用于家庭生活，按照权利义务相一致原则，作为家庭成员的妻子和子女也要承担清偿义务。

➤ **婚姻中如何规避对方恶意举债的风险？**

（1）在不知情的情况下，莫名其妙出现的债务，不要补签字、不要替对方还。因为签字或者还钱的行为，在法律上属于追认，是会产生法律效力的。

（2）签署婚内财产协议。签署婚内财产协议是保护自己最好的方式。一般要写明，夫妻的婚内财产协议是在双方自愿的基础上签订的，是双方的真实意思表示；最重要的是约定一方所负债务由其自己承担。

➤ **夫妻一方婚前所负债务，配偶一方因此获益的，是否应当认定为夫妻共同债务？**

原则上，婚前一方所负债务为个人债务，应当用个人财产偿还。但要注意的是，如果配偶一方因此获益的（比如该款项用于婚后家庭共同生活的或已经转化为夫妻共同财产的），应当认定为夫妻共同债务。

➤ **举债配偶通过未举债配偶账户走账是否可以认定夫妻二人具有"共债合意"？**

司法实践中，以举债一方通过配偶账户走账等情形推断是否与未举债一方达成"共债合意"，需具备两个条件：一是未举债配偶对举债配偶的走账事实知情；二是未举债配偶将已到账的款项用于夫妻共同生活。如不具备第二个条件，仅凭未举债配偶知情，不能达到夫妻"共享"这一举证证明程度，难以认定借款系夫妻共同债务。

《民法典》第 1064 条、第 1065 条、第 1161 条

最高人民法院《关于适用〈中华人民共和国民法典〉婚姻家庭编的解释（一）》第 36 条

7 夫妻共同留下遗嘱，丈夫先去世，妻子能否单方撤销遗嘱？

　　李梅和高强结婚数十年，有一对儿女和三个孙女，三代同堂，日子过得十分幸福。但随着年龄逐渐增大，李梅和高强身体也一日不如一日，经常往医院跑。在一次从医院开药回家的途中，高强对妻子提议两人一起订立一份遗嘱，为防止哪天突然去世，家里的财产没人处理，怕引起孩子之间的纷争。

　　于是，二人回到家就拟定了一份书面遗嘱，内容是：夫妻共同财产中的一套房屋，在二人去世后赠与三个孙女。没过两年，高强因身体原因去世，由于李梅想要住在遗嘱中提到的那套房子里，不想再遗赠给孙女，就向家人提出自己要单方面撤销遗嘱，但三个孙女此时却不干了，她们认为爷爷已经去世了，遗嘱发生了效力，房子应该属于她们，在一次又一次的协商未果后，李梅向法院起诉要求撤销遗嘱，判令房屋归自己所有。

　　在夫妻二人共同立下遗嘱的情况下，丈夫先去世了，妻子可以以立遗嘱人的身份单方面撤销遗嘱吗？

法律分析

　　1.共同遗嘱是指两个或两个以上的遗嘱人共同订立同一份遗

嘱，对死亡后各自或共同遗留的财产进行分割的一种遗产继承方式。共同遗嘱可以分为形式意义上的共同遗嘱和实质意义上的共同遗嘱两种。

所谓形式意义上的共同遗嘱是指尽管形式上被记载于同一份遗嘱上，但其内容相互独立，所产生的各自的法律效果并不相互影响；所谓实质意义上的共同遗嘱是指两个或两个以上的遗嘱人形成同一个遗嘱合意并记载于同一份遗嘱上，该数个遗嘱人之间的遗嘱内容并不相互独立。

2.基于法律规定，遗嘱在立遗嘱人死亡时即产生效力。在有效的共同遗嘱的情况下，立遗嘱人中的一人死亡，属于该遗嘱人的财产份额即发生继承，在世的另一方立遗嘱人即使想要撤销遗嘱内容，也只能针对属于自己的财产份额进行变更或撤销。

3.本案中，李梅和高强立下共同遗嘱，遗嘱内容是二人的真实意思表示。遗嘱中的房屋是夫妻共同财产，二人各自有一半的份额，高强去世后，属于高强那一半的房屋产权就遗赠给了三个孙女，李梅不可请求撤销该遗赠，否则有违高强生前的真实意思表示，且自高强死亡那一刻起财产份额就发生了继承无法撤销。因此，李梅即使想要撤销或者变更遗嘱内容，也只能对本属于自己的那一部分份额进行。

实务指导

➤ 夫妻之间订立共同遗嘱需要具备哪些要件？

（1）夫妻双方存在合法有效的婚姻关系，且处于婚姻关系存续期间。

（2）夫妻双方均具有完全民事行为能力。

（3）夫妻双方对于遗嘱内容一致认可，即遗嘱内容是出自二人的真实意思表示。

（4）符合法律对于遗嘱效力的形式要件。

➤ **共同遗嘱中只有一个人签名有效吗?**

鉴于夫妻双方所具有的特殊的婚姻关系,实践中,只要能够证明是夫妻双方共同参与共同遗嘱的订立,遗嘱内容确系双方的真实意思表示,且符合相应遗嘱类型的法定形式要件,可以认定该遗嘱的效力。

➤ **共同遗嘱可以办理公证吗?**

司法部《遗嘱公证细则》第15条规定:两个以上的遗嘱人申请办理共同遗嘱公证的,公证处应当引导他们分别设立遗嘱。遗嘱人坚持申请办理共同遗嘱公证的,共同遗嘱中应当明确遗嘱变更、撤销及生效的条件。

➤ **夫妻共同遗嘱范文**

男方:姓名、性别、民族、年龄、住址、身份证号

女方:姓名、性别、民族、年龄、住址、身份证号

夫妻双方在平等自愿的基础上,经过协商达成一致,决定将夫妻共同财产及死后事宜作以下安排:

(1)夫妻共有的一套 ** 平方米房产,位于 *** 市 *** 区 *** 路 *** 号 *** 号楼 *** 单元 *** 室,在夫妻均去世时,由长子继承;若夫妻一方先去世,则该房产属于先去世一方的份额由后去世一方继承(或由长子继承或按法定继承);待夫妻双方都去世时,再由长子继承该房产(或剩余份额)。

(2)夫妻共有存款 ** 元(** 银行 ** 元,)** 元由长女继承,** 元由次子继承;若夫妻一方先去世,则先去世一方的存款份额由后去世一方继承;待夫妻双方都去世时,依第一款执行。

(3)夫妻双方生前可协商或以实际行为变更或解除本遗嘱;若协商不成,一方可在本人财产份额范围内进行处分,另一方无权干涉;若一方死后,后去世一方可在其财产份额内变更、解除本遗嘱,超出其财产份额的无权处分。

（4）变更、解除或撤销本遗嘱的情形：

① 夫妻双方协商一致；

② 指定继承人未尽赡养义务，或谋害、虐待、遗弃被继承人的，或谋害、虐待、遗弃其他继承人的；

③ 指定继承人有其他违法、犯罪行为的。

（5）对于夫妻一方婚前财产、婚后继承及受赠等属于个人所有的财产，可另立遗嘱处分。

（6）继承人应尽到赡养被继承人的义务，并妥善处理被继承人的死后事宜。

（7）其他未尽事宜由夫妻双方协商增补。

（8）本遗嘱一式＊份，并于公证后生效。

立遗嘱人：男方：　　　　女方：

见 证 人：（1）　　　　（2）

年　月　日

法律索引
《民法典》第 1142 条、第 1143 条、1144 条

8 父母想将遗产只留给已婚女儿，如何实现？

李梅和高强夫妻结婚多年，只有一个女儿，夫妻俩百般疼爱这个掌上明珠。女儿工作不久后就谈了一个男朋友，但老两口却不太满意女儿找的这个男友，但出于对女儿的尊重，也没有阻止二人交往，二人在交往一年多后就结了婚。

由于老两口始终不太喜欢女婿，女婿也感受到了丈母娘和老丈

人对自己不满的情绪，自然也没有好脸色，日子一天天过下去，双方一直是不冷不热的态度对待彼此。

李梅和高强退休后一直领着较为丰厚的退休工资，同时二人名下也有房子和不少存款。老两口就在想，自己百年之后，这些财产肯定是要留给这个唯一的女儿的，但这女婿是咋看咋不顺眼，这财产由女儿继承之后，女婿会不会分走一半儿呢？

怎么才能把遗产只留给女儿一个人？

法律分析

1.在婚姻关系存续期间，夫或妻一方继承或受赠的财产，属于夫妻共同财产。但确定只归一方的除外。同时，现行《民法典》列举了六种设立遗嘱的方式，分别是自书遗嘱、代书遗嘱、打印遗嘱、录音录像遗嘱、口头遗嘱以及公证遗嘱。

2.本案中，李梅和高强两口子不想将遗产留给女婿，只想让已婚的女儿一个人继承，他们二人可以任选一种遗嘱方式设立遗嘱，明确二人的遗产只有女儿一人继承，这样，二人的遗产不会变为夫妻共同财产，而是女儿的个人财产。

实务指导

➢ 立遗嘱可以采取哪些方式？

（1）自书遗嘱，又称亲笔遗嘱，是遗嘱人亲自执笔书写的遗嘱。

立遗嘱人应在遗嘱上签名，并注明年、月、日。

自书遗嘱不需要证人就当然地具有遗嘱的效力。

在实际生活中，对于涉及死者个人财产处分内容的遗书，如果确实反映了死者真实意思表示，又有死者个人的签名并注明了年、月、日，且无相反证据的，可按自书遗嘱对待。

（2）代书遗嘱，又称代笔遗嘱，是由遗嘱人口述遗嘱的内容，他人代为书写制作成的遗嘱。在遗嘱人无文字书写能力或者因其他原因不能亲笔书写遗嘱的情况下，遗嘱人可以请求他人代为书写遗嘱，订立代书遗嘱。

法律要求代书遗嘱必须有两个以上见证人在场见证，由其中一人代书，并由代书人、其他见证人和遗嘱人签名，注明年、月、日。

强调：代书必须是代书写，不能打印后签名。

（3）打印遗嘱。打印遗嘱应当有两个以上见证人在场见证。遗嘱人和见证人应当在遗嘱每一页签名，注明年、月、日。

（4）录音录像遗嘱。以录音录像形式立的遗嘱，应当有两个以上见证人在场见证。遗嘱人和见证人应当在录音录像中记录其姓名或者肖像，以及年、月、日。

（5）口头遗嘱。口头遗嘱是由遗嘱人口头表达并不以任何方式记载的遗嘱。由于口头遗嘱无文字记载，完全靠见证人证明，容易被他人篡改、伪造，也容易发生纠纷。因此，《民法典》继承编规定口头遗嘱必须有两个以上见证人在场见证，并且只能在危急情况下才能采用。如果危急情况解除后，遗嘱人能够用书面形式或录音录像形式立遗嘱的，不管遗嘱人事实上是否另立遗嘱，原立口头遗嘱归于无效。

这里所指的"危急情况"，一般是指遗嘱人生命垂危或者其他紧急情况，如重大军事行动等。

（6）公证遗嘱，是经过国家公证机关办理了公证的遗嘱。

公证遗嘱的形式要件为：第一，遗嘱人必须亲自到其户籍所在地或主要财产所在地的公证机关办理遗嘱公证，不得委托他人代理。如果遗嘱人确有困难不能亲自去公证处的，公证员可到遗嘱人所在地办理公证事务。居住在国外的我国公民要订立公证遗嘱，可以到我国驻外国大使馆、领事馆办理遗嘱公证。第二，遗嘱人必须在公证员面前书写遗嘱内容，并且在遗嘱书上签名（或捺手印）和盖章、注明日期。第三，公证机关通过对遗嘱的审查，确认遗嘱真实、合法的，出具《遗嘱证明书》。公证书应制成一式两份，分别由公证机关和遗嘱人保存。遗嘱人也可以委托公证机关代为保存。

> **任何人都可以作为遗嘱见证人吗?**

下列人员不能作为遗嘱见证人:

(1)无民事行为能力人、限制民事行为能力人以及其他不具有见证能力的人;

(2)继承人、受遗赠人;

(3)与继承人、受遗赠人有利害关系的人。包括下列人员:继承人、受遗赠人的配偶、父母、子女、祖父母、外祖父母、兄弟姐妹以及继承人、受遗赠人的债权人、债务人、共同经营的合伙人等。

> **遗嘱无效的情形有哪些?**

(1)无行为能力人或限制行为能力人所立遗嘱无效。遗嘱人立遗嘱时必须有行为能力。无行为能力人所立的遗嘱,即使其本人后来有了行为能力,仍属无效遗嘱。遗嘱人立遗嘱时有行为能力,后来丧失了行为能力,不影响遗嘱的效力。

(2)立遗嘱人即使具有完全行为能力,但是如果遗嘱的内容不是其真实意思表示,遗嘱同样不具有法律效力。包括:立遗嘱人所立的遗嘱是在受胁迫、受欺骗或神志不清的情况下进行的;伪造的遗嘱;遗嘱被篡改的,篡改的内容无效。

(3)因遗嘱继承人的原因导致遗嘱无效的。包括:遗嘱继承人丧失继承权的;遗嘱继承人放弃继承权的;遗嘱继承人先于被继承人死亡的。

(4)基于财产处分上的原因而遗嘱无效。包括:立遗嘱人生前已处分了遗嘱涉及的财产,导致遗嘱无效或部分无效;遗嘱处分的是他人的财产导致遗嘱无效。

(5)遗嘱违反法律强制性抚养义务而导致无效。包括:

其一,遗嘱中未留特留份而导致遗嘱部分无效。遗嘱应当为缺乏劳动能力又没有生活来源的继承人保留必要的遗产份额。这是法定的强制性规定,如果遗嘱没有保留特留份,在遗产处理时,应首先留下必要的遗产，剩余的部分再参照遗嘱确定的分配原则处理。

其二，遗嘱没有给胎儿保留继承份额，导致遗嘱部分无效。

（6）多份遗嘱的内容冲突造成的遗嘱无效。

（7）遗嘱形式不合法导致的遗嘱完全失效。

（8）遗嘱继承、遗赠和遗赠抚养协议间冲突造成遗嘱无效。

（9）遗产中的消极财产大于或等于积极财产，即债务清偿后无剩余财产，导致遗嘱无效。

法律索引

《民法典》第 1062 条、第 1063、第 1134 条、第 1135 条、第 1136 条、第 1137 条、第 1138 条、第 1139 条、第 1140 条、第 1141 条、第 1142 条、第 1143 条

后 记

2023年3月13日中午时分，接到一个显示属地为"上海"的电话，接通后是一个清脆的女声，自我介绍是上海人民出版社的夏红梅编辑。夏编辑问我："杜老师，向您约稿，关于妇女权益保障的内容，您看可以吗？"没有片刻的犹豫，我脱口而出，可以的。

在我看来，理由有三：

第一，我从事妇女儿童权益保障的理论研究和实务工作，虽然现行法律、法规对于妇女权益保障作出了多层次、立体化的制度设计，但现实的保护仍然任重而道远。

第二，权益的维护更来自被保护人自己意识的觉醒。妇女通过学习，懂得法律、掌握法律、自觉地运用法律，才能更好维护自身的合法权益。

第三，赠人玫瑰手有余香。本书的出版是"善行"，是为和谐社会的构建作出贡献。

紧赶慢赶，2023年的9月12日凌晨，完成了稿件的最后一个字。泡了一壶茶，看着窗外的山城夜景，孤杯独饮……

感谢夏编辑，每次的通话都是给予鼓励与安慰，让我有机会完成这项任务。

感谢我的弟子们，本书的编写过程中，张惜缘、邱俊铭、张芊芊、余承奋、杨端、蒲春蕾亦作出贡献，做了相关案例的收集整理工作，具体分工如下：政治权利与特殊保护制度篇：杨端、余承奋；劳动者权益篇：邱俊铭；财产权益篇：张惜缘；婚姻家庭权益篇：张芊芊；继承权益篇：蒲春蕾。

感谢我的爱人胡兰，她为本书的内容安排提出了宝贵的意见，女性特有的视角让我获益匪浅。

向女性致敬！

图书在版编目(CIP)数据

妇女权益保障与日常生活/杜江涌著. —上海：
上海人民出版社,2024
ISBN 978-7-208-18717-7

Ⅰ.①妇… Ⅱ.①杜… Ⅲ.①妇女权益保障法-中国
Ⅳ.①D922.7

中国国家版本馆 CIP 数据核字(2024)第 004019 号

责任编辑 夏红梅
封面设计 一本好书

妇女权益保障与日常生活

杜江涌 著

出	版	上海人民出版社
		(201101 上海市闵行区号景路 159 弄 C 座)
发	行	上海人民出版社发行中心
印	刷	上海商务联西印刷有限公司
开	本	635×965 1/16
印	张	13
插	页	2
字	数	167,000
版	次	2024 年 2 月第 1 版
印	次	2024 年 2 月第 1 次印刷
		ISBN 978-7-208-18717-7/D·4254
定	价	48.00 元

上海人民出版社·独角兽

阅读,不止于法律,更多精彩书讯,敬请关注:

微信公众号　　微博号　　视频号